GUIDE

DU

MINEUR MILITAIRE

PARIS. — Imprimerie de COSSE et J. DUMAINE, r. Christine, 2.

GUIDE

DU

MINEUR MILITAIRE

PAR

M. SAUMADE

CHEF DE BATAILLON DU GÉNIE EN RETRAITE,

Officier de la Légion d'honneur.

PARIS

LIBRAIRIE MILITAIRE DE J. DUMAINE

LIBRAIRE-ÉDITEUR DE L'EMPEREUR

Rue et passage Dauphine, 30

1870

AVANT-PROPOS

Le dernier ouvrage publié en France sur la partie pratique des mines, le *Manuel du Mineur*, date de 1826 (1).

Comment expliquer les causes de ce long silence? Les mines militaires n'auraient-elles fait aucun progrès depuis quarante-quatre ans? Les faits sont là pour prouver le contraire.

Serait-ce une réminiscence de l'École de Verdun: de mettre la lumière sous le boisseau? Ce serait une grave inconséquence. Aujourd'hui, tous les officiers du génie peuvent être appelés à faire usage des mines; il serait donc nécessaire que ceux qui sont familiers avec les progrès réalisés fissent connaître à tout le corps les résultats obtenus.

Est-ce parce que les règlements militaires interdisent aux officiers le droit d'écrire? Mais ces règlements n'interdisent pas le droit d'en demander l'autorisation.

Serait-ce de l'indifférence pour la fortification souterraine? Les nombreux mémoires présentés

---

(1) Le cahier d'instruction pratique, que le Ministère de la guerre a fait imprimer en 1855, est trop élémentaire pour être cité.

chaque année, sur cette partie du service, ne permettent pas d'admettre une telle supposition.

Enfin, quelle que soit la cause de cette somnolence, je me hasarde à prendre la parole, tout en reconnaissant que beaucoup de mes camarades pourraient s'en acquitter mieux que moi. Mais puisque ceux qui devraient parler persistent à garder le silence, ce qui était un *droit* pour eux devient un *devoir* pour d'autres.

Le *Guide du Mineur* n'est pas destiné à remplacer le *Manuel*, il doit seulement le compléter.

Le capitaine Blanchard a bien voulu me communiquer le résultat de plusieurs expériences qu'il fit à Metz en 1861 ; et ce sont les observations de cet officier qui ont présenté les premiers indices de la forme de l'entonnoir décrite au paragraphe 16. Si je me suis trompé en interprétant les effets de ces explosions, le capitaine Blanchard n'est pas responsable de mes erreurs ; et ses observations n'en seront pas moins des documents précieux pour ceux qui voudront reprendre l'examen de cette intéressante question.

Le *Guide du Mineur* a été présenté au *concours annuel du comité des fortifications*, en 1868 : il a été récompensé par une *mention honorable*.

Sommaire des paragraphes.

GUIDE

MINEUR MILITAIRE

§ 1. *Notations adoptées.*

C : Charge du fourneau ordinaire exprimée en kilogrammes.

C^t : Charge du fourneau surchargé.

C_{11} : Charge du fourneau sous-chargé.

C_{111} : Charge du camouflet maximum.

P : Profondeur réelle des poudres, ou ligne de
moindre résistance.

h : Profondeur fictive des poudres, en les supposant placées en fourneau ordinaire.

T : Rayon de l'entonnoir à hauteur du sol naturel.

n : Rapport entre T et P.

$r\,h$: Rayon de rupture limite contre des galeries en
bois présentant le flanc.

$r\,v$: Rayon de rupture limite contre des galeries en
bois présentant le ciel.

(R) : Rayon de *idem* présentant la pointe.

$R\,h$: Rayon de bonne rupture horizontale.

$R\,v$: Rayon de bonne rupture verticale.

E : Rayon d'explosion et de compression.

OR : Rayon de la sphère vide.

V : Volume de l'entonnoir.

q : Profondeur de l'entonnoir après l'explosion.

l : Épaisseur des lèvres de l'entonnoir.

1.

m : Intersection des génératrices de l'entonnoir et de la sphère vide.

K : Quantité de poudre nécessaire pour enlever chaque mètre cube de terre de l'entonnoir.

G : Coefficient par lequel on multiplie P^3 au T^3, pour connaître la charge des fourneaux ordinaires ou surchargés.

B : Côté de la boîte cubique destiné à recevoir la charge de poudre.

f : Rayon de friabilité.

D : Rayon de renversement.

L. M. R : Ligne de moindre résistance.

§ 2. *Mines et contre-mines.*

Dans l'antiquité, les assiégeants furent les premiers à creuser des galeries pour pénétrer dans la place. Ces travaux souterrains reçurent le nom de *mines*. Et les galeries que les assiégés creusaient, pour arrêter la marche souterraine des assiégeants, furent naturellement appelées *contre-mines*. Ces appellations sont encore en usage aujourd'hui. Cependant, les dispositifs que les assiégés établissent sous terre sont souvent désignés sous le nom de *mines défensives*.

§ 3. *Fourneaux.*

Un fourneau de mine est une quantité de poudre, généralement placée sous le sol, destinée à détruire les travaux de l'ennemi, ainsi que les troupes qui exécutent ces travaux. Cette poudre peut être placée dans quatre positions différentes : 1° en *fourneau ordinaire*, si l'entonnoir qui résulte de l'explosion a un rayon égal à la L. M. R.; 2° en *fourneau surchargé*, si le rayon de l'entonnoir est plus grand que la L. M. R.; 3° en *fourneau sous-chargé*, si le rayon est plus petit que cette ligne; 4° et en *camouflet*, si l'explosion ne produit point d'entonnoir. On appelle *camouflet maxi-mum*, un fourneau qui ne pourrait pas être plus rap-proché du sol sans produire un commencement d'en-tonnoir.

Un fourneau surchargé est quelquefois désigné sous le nom de *globe de compression*.

On arrive à l'emplacement des fourneaux par des galeries et des rameaux. Les fourneaux établis à la hâte, au moyen de puits que l'on comble dès que les poudres sont en place, sont généralement désignés sous le nom de *Fougasses*. Les *fougasses pierriers* sont des fourneaux destinés à jeter des pierres sur des co-lonnes de troupes.

§ 4. *Valeur du coefficient g dans les divers milieux.*

NATURE DES MILIEUX.	COEFFICIENT g
1. Eau douce	1.00
2. Terre légère	1.25
3. Terre dite ordinaire	1.50
4. Sable fort	1.75
5. Terre argileuse mêlée de pierres	2.00
6. Argile mêlée de tuf	2.25
7. Maçonnerie neuve ou médiocre	2.50
8. Roc ou bonne maçonnerie	3.00
9. Très-bonne maçonnerie vieille	3.50
10. Maçonnerie romaine	4.00

§ 5. *Formules servant à calculer le volume des entonnoirs et les charges des divers fourneaux.*

Le solide qu'une explosion projette dans l'espace

peut se mesurer ainsi : $V = \pi\, T^2 \times \dfrac{P}{3}$. Mais les formules ci-après dispensent de passer par le volume de l'entonnoir pour connaître les charges cherchées.

$$C = P^3 \times g.$$
$$C^1 = T^3 \times g. \qquad \text{Ou bien encore : } C^1 = C \times n^3.$$
$$C_{11} = C\left(\frac{4 + 3\,n}{7}\right)^3.$$
$$C_{111} = \frac{C}{5}$$

§ 6. *Boîtes aux poudres, leur forme et leurs dimensions.*

Il est utile d'enfermer la poudre dans un coffre, afin de la soustraire au contact de la terre qui est plus ou moins humide. La meilleure forme à donner à la boîte aux poudres serait la forme sphérique ; de cette manière toutes les parties de la charge se trouveraient à égale distance du centre où on doit mettre le feu. Mais comme les coffres sphériques sont d'une construction difficile, on s'en tient à la forme cubique, qui n'en diffère pas beaucoup.

Si les poudres étaient toutes (et toujours) de même qualité, on pourrait dresser d'avance des tables indiquant exactement les dimensions des boîtes pour les charges calculées. Mais les poudres ne sont pas toutes de même qualité ; et la même poudre n'est plus dans les siéges ce qu'elle était en sortant des grands magasins. Il en résulte que si la qualité diminue la quantité doit augmenter. Il y a donc avantage, et point d'inconvénient, à ce que les boîtes soient un peu plus grandes que le volume de poudre qu'elles doivent contenir. Le moyen le plus facile pour trouver le côté cubique de la boîte aux poudres, c'est de prendre le $\dfrac{1}{8}$ de *h*; la boîte qui en résulte est un peu grande, ce qui est un avantage plutôt qu'un inconvénient.

§ 7. *Influence du vide autour des poudres.*

Dans le roc, dans le sable, dans l'eau, et enfin dans tous les milieux incompressibles, la boîte aux poudres, ou la chambre de mine, doit être beaucoup plus grande que le volume de la charge, afin que tous les gaz provenant de la déflagration de la poudre puissent se produire pour agir simultanément. On manque de données pour fixer le rapport qui doit exister entre le vide et la charge; mais il est nécessaire que l'un soit au moins le double de l'autre.

Dans les milieux compressibles, il est inutile de ménager du vide autour des poudres, attendu que le vide nécessaire se fait par les premiers gaz produits.

§ 8. *Manière de charger les fourneaux.*

Si l'on emploie de la poudre en grains, elle est apportée dans des sacs en cuir, ou en toile bien serrée, et versée dans la boîte. Pendant cette opération, on doit avoir soin qu'il n'y ait point de lumière dans le voisinage; si on se croit à l'abri du danger parce que la lumière est enfermée dans une lanterne, on se trompe : attendu que la poussière de la poudre pénètre dans la lanterne par la cheminée et peut déterminer l'explosion.

Si l'on emploie de la poudre en gargousses, un mineur les arrange dans la boîte.

Si l'on est pressé, on se dispense d'employer une boîte aux poudres; on met alors la charge (en gargousses ou en sacs) sur des planches, sur de la paille ou sur une couche de sciure de bois. Dans les fourneaux surchargés, il faut avoir soin d'ouvrir les gargousses (ou les sacs) avec un couteau, au fur et à mesure qu'on les met en place : autrement on a souvent l'occasion de constater que des gargousses ou des sacs sont projetés sans être enflammés.

Quel que soit le mode de chargement que l'on adopte, il faut que le transmetteur du feu aboutisse au centre de la charge. Si l'on emploie plusieurs transmetteurs, comme dans les fourneaux surchargés, on les dispose comme si le fourneau total se composait de plusieurs fourneaux juxtaposés.

L'emploi de la poudre dans des gargousses en papier collé a été une idée plus heureuse en apparence qu'en réalité. Si l'on n'a pas soin de les tenir enfermées dans des barils jusqu'au moment de leur mise en service, les rongeurs les ouvrent, et les avantages qu'elles devaient présenter disparaissant, souvent sans qu'on s'en aperçoive, il peut en résulter de graves accidents.

§ 9. *Transmetteurs du feu, vitesse de leur combustion.*

Le plus ancien de tous les transmetteurs du feu, c'est le saucisson ordinaire. Il a le grand avantage de pouvoir être confectionné sur place et par des hommes quelconques. Mais il a plusieurs inconvénients : 1° il produit beaucoup de fumée ; 2° il a besoin d'être protégé par un auget ; 3° si l'on veut obtenir des explosions simultanées, on est obligé de compasser les feux.

Le cordeau la Rivière est, à notre époque, le transmetteur par excellence : il produit peu de fumée ; on peut l'employer sans auget ; il brûle avec une vitesse telle que le compassement des feux est inutile. Mais on ne peut pas le confectionner sur place, ce qui est un faible inconvénient, à la vérité, attendu qu'il est d'un transport facile. Il a encore un autre inconvénient, qui est plus grave : il reçoit difficilement le feu.

Les conducteurs électriques sont aussi de très-bons transmetteurs du feu, surtout pour les explosions dans l'eau ou à de grandes distances; mais dans une lutte souterraine et dans des mines en bois, où les châssis sont souvent rompus ou déplacés, les fils électriques risquent trop d'être brisés, à cause de leurs grandes longueurs ; ou d'être mis en contact les uns avec les autres dans des endroits où il est impossible d'aller les visiter. Mais du côté de l'assiégeant, on peut fort bien employer les conducteurs électriques, surtout pour les explosions simultanées.

Vitesse de combustion des transmetteurs.

Longueur brûlée en une seconde :
Saucisson ordinaire (en ligne droite et dans un auget). . . . . 8^m 50
Chaque coude équivaut à une longueur de. 0 08
C'est-à-dire que dans le compassement des feux, une branche en ligne droite doit être plus longue de 0^{m}08 que celle qui forme un coude.
Cordeau la Rivière. . . . . 100^{m}00
Bickford. 0 011

§ 10. *Bourrage.*

Le bourrage des fourneaux demande plus de précautions qu'on ne serait tenté de le supposer d'abord : le gazon doit en être exclu, au moins pour la défense, à cause des herbes et des racines qui produisent des gaz malsains; les masques en travers doivent en être exclus également, parce qu'ils gênent dans les retours offensifs. Le bourrage en terre transportée au panier est fort long, et la partie supérieure du rameau est difficile à remplir. Le bourrage en sacs à terre se fait avec une rapidité merveilleuse, ce qui est fort important; mais le débourrage est à peu près impossible après les explosions, à moins que les sacs n'aient été remplis de sable. Le bourrage en briques crues se fait presque aussi vite qu'avec des sacs à terre, et on peut débourrer après les explosions.

Les rameaux de l'assiégeant étant destinés à être emportés par les explosions, on peut les bourrer avec des sacs à terre et y mettre des masques à volonté. Pour bourrer en sacs à terre avec une grande rapidité, il faut que les sacs ne soient remplis qu'au deux tiers et liés à leur extrémité, afin qu'on puisse leur donner la forme que l'on veut; mais il faut qu'ils contiennent de la terre fraîche, autrement il s'en dégage une poussière épaisse qui oblige bientôt à suspendre le travail.

La longueur du bourrage doit être égale à $2h$ si l'on ne fait pas usage de masques; quand on peut employer des masques, il suffit que cette longueur soit égale à $\frac{6}{4}$ de h. Il faut avoir soin de ne pas confondre h avec L. M. R. ; h représente ici la L. M. R. d'un fourneau ordinaire dans la terre ordinaire, correspondant à la charge employée. Dans le roc, un bourrage égal à deux fois la L. M. R. serait trop court; et pour un fourneau souschargé, établi dans la terre, un bourrage égal à deux fois la L. M. R. serait trop long.

Dans les forages horizontaux il suffit que la longueur du bourrage soit égale à h, parce que la section du rameau foré est très-petite et parce qu'avec le refouloir on donne au bourrage une consistance égale à celle de la terre vierge. Si le rameau foré contient un cordeau La Rivière, il est même prudent de ne pas bourrer trop fort : autrement le cordeau risquerait d'être comprimé au point de ne pas pouvoir brûler.

§ 11. *Charge après bourrage.*

J'ai pris part à plusieurs simulacres de guerre sou-

terraine avant qu'il fût question de la charge après
bourrage; j'ai fait ensuite usage de cette nouvelle méthode pendant vingt-cinq ans environ, et je déclare que
ce procédé, bon en théorie, me semble bien médiocre
dans la pratique.

Pour faire adopter la charge après bourrage, son
auteur (le colonel Romphleur) l'a présentée sous les
brillantes couleurs ci-après.

« 1º La circulation dans les écoutes était difficile
« pendant une guerre souterraine, à cause du grand
« nombre d'hommes qu'on était obligé d'y placer pour
« le transport du bourrage qui venait du fossé. *La
« charge après bourrage fait disparaître ce grave incon-
« vénient, puisque tous les rameaux sont bourrés d'avance.*

« 2º Quand les deux mineurs ennemis étaient sur le
« point de se rencontrer et qu'ils se mettaient à char-
« ger en même temps, celui de l'attaque (qui peut au
« besoin se dispenser de bourrer) avait toujours l'a-
« vantage sur celui de la défense. *Avec la charge après
« bourrage il n'en sera plus ainsi, puisque la défense sera
« toujours prête à faire feu.*

« 3º Comme le bourrage d'un rameau demande
« beaucoup de temps, il arrivait qu'un fourneau qui
« paraissait nécessaire quand on le chargeait, deve-
« nait inutile quand le bourrage était achevé; et la
« poudre de ce fourneau se trouvait ainsi perdue. *La
« charge après bourrage économisera donc des quantités
« considérables de poudre, puisqu'on ne chargera les four-
« neaux qu'au moment de faire feu.*

Essayons à notre tour de faire voir que ces trois
grands avantages de la charge après bourrage ne sont
que trois belles illusions.

1º Avec l'ancienne méthode, les écoutes sont-elles
encombrées d'hommes pour le transport du bourrage
qui arrive du fossé? Pendant une guerre souterraine

on fouille toujours des rameaux dont on ne sait que faire de la terre que l'on en retire, si les rameaux fondamentaux du dispositif sont bourrés d'avance, tandis que si l'on ne bourre les rameaux que pendant la lutte, on trouve là une place toute naturelle pour loger la terre qui provient des fouilles voisines. Le bourrage ne doit donc pas venir du fossé.

2° Quand les mineurs de l'attaque et de la défense se mettent à charger en même temps, l'attaque peut-elle charger et bourrer plus vite que la défense? Les fortes charges de l'attaque demandent plus de temps pour être mises en place que les petites charges de la défense; les premières ont besoin d'un plus long bourrage que les secondes. Si l'attaque supprime une partie de son bourrage, ses fourneaux, quelque gros qu'ils soient, ne produiront de grands désordres qu'à l'extérieur. Le bourrage des rameaux se fait avec la même vitesse à l'attaque qu'à la défense, avec cette différence, pourtant, que les projectiles et la pluie gênent souvent l'attaque et jamais la défense.

Et du reste, en faisant usage de la charge après bourrage, arrive-t-on plus vite au résultat final, quand on arrive? Pour faire passer quatre-vingt-dix gargousses dans une gaîne de 8 m. 00, et pour bourrer cette gaîne on est bien heureux si on peut faire cette opération en 1 h. 1/2. Et pour bourrer un petit rameau de la même longueur avec des sacs à terre, à raison de 8 minutes par mètre courant : $8^m,00 \times 8' = 64'$; plus un quart d'heure pour mettre les poudres en place, soit en tout 1 h. 20′. Et avec cette vieille méthode on est certain d'achever le travail dans un temps donné, tandis qu'avec l'autre!... Ce n'est pas sans de vives émotions que l'officier attend qu'on vienne lui dire que c'est fini; car fort souvent on vient lui annoncer que les gargousses s'arrêtent dans la gaîne et qu'il est impossible de continuer à charger!

3° La charge après bourrage peut-elle faire économiser de la poudre? Si l'on attendait, pour charger un fourneau, que le moment de l'utiliser fût arrivé, il serait trop tard. Les gaînes en bois, qui se déjettent rien que par leur contact avec la terre fraîche, se déjettent bien autrement quand la commotion d'une explosion voisine les soulève, ainsi que le bourrage qui les enveloppe et les laisse retomber ensuite. Il y a alors un dérangement certain dans les assemblages; et si à ce moment les gargousses n'étaient pas dans le fourneau, il serait impossible de les y faire arriver. En faisant usage de la charge après bourrage, il faut donc que les fourneaux soient chargés et leurs gaînes bourrées avant de savoir s'ils seront utilisés. Donc, point d'économie de poudre par ce procédé.

Les avantages de la charge après bourrage sont donc négatifs plutôt que positifs, attendu que les fourneaux sont quelquefois perdus, tandis qu'ils ne l'auraient pas été par l'ancienne méthode. Voyons encore si la charge après bourrage n'a pas d'autres inconvénients. L'emplacement des fourneaux est donné longtemps d'avance, et il est impossible de le déplacer. L'impossibilité d'aller à la partie antérieure des rameaux fait que l'on se trompe en écoutant, pour apprécier la position du mineur ennemi. Nous disons qu'on se trompe, car le bourrage traversé par une gaîne n'absorbe pas le bruit, il le propage plutôt : les gaînes, qui le traversent dans toute sa longueur, transmettent le son avec une grande facilité et jouent le rôle de cornets acoustiques; elles représentent l'ennemi plus près qu'il ne l'est en réalité : ce sont des *instruments d'alarme*. Et de plus, on croit toujours que le mineur ennemi est dans la direction de la gaine, bien qu'il soit souvent sur le côté.

Nous prendrons la liberté d'interroger ceux qui ont lu le compte rendu de la défense de *Schweidnitz* en 1762, et de celle du *château de Monzon* en 1814, et nous leur dirons : Si *Gribeauval* et *Saint-Jucques* avaient fait usage de la charge après bourrage, pensez-vous qu'ils auraient obtenu d'aussi brillants succès ?

Encore un mot sur cette question. Si la charge après bourrage est bonne, un *dispositif de fougasses* sans galeries doit conséquemment être meilleur encore : pourquoi s'arrêter à moitié chemin quand on est dans une bonne voie ? (1)

§ 12. *Allumeurs.*

Si le mineur se trouvait à l'extrémité du bourrage au moment où le fourneau fait explosion, il risquerait fort d'être tué. Il faut donc employer des allumeurs qui brûlent lentement, afin que le mineur ait le temps de se retirer après avoir mis le feu; ou employer des moyens qui permettent de mettre le feu de loin, afin d'éviter le danger.

La mise du feu aux fourneaux a fait à notre époque des progrès incontestables. Le *moine* était d'une lenteur accablante, qui augmentait encore avec l'état hygrométrique des galeries. La *souris* du général de Rugy, que Lebrun ne pouvait se lasser d'admirer, a été abandonnée, parce qu'elle s'arrêtait souvent en chemin. La *fusée porte-feu* du capitaine Esnault a été rejetée parce qu'elle éclatait souvent avant d'arriver aux poudres. Le *pétard fulminant* n'est plus employé parce qu'il s'avariait trop facilement dans les galeries, qui sont toujours plus ou moins humides.

______

(1) La charge après bourrage n'est bonne que pour les contre-puits.

La *boîte de Boule* occasionnait quelquefois des ratés qui obligeaient de suspendre le travail pour éviter les accidents. Ces ratés provenaient de ce que l'étoile s'accrochait quelquefois aux rugosités de la boîte ; ou bien l'étoile en tombant sur le pulvérin ne l'enflammait pas, parce que la cendre qui s'était formée à l'extrémité des branches séparait le feu du pulvérin. Ces deux causes de ratés disparaissent si l'on a soin de *bifurquer le cordeau* sur lequel on tire pour déterminer l'explosion : un des brins du cordeau est fixé au tiroir et l'autre brin est attaché à la boîte même. Le brin qui aboutit au tiroir est plus court d'environ $0^m,50$ que celui qui est fixé à la boîte. Si en arrachant le tiroir on ne détermine pas l'explosion, on continue à tirer par secousses, afin de faire tomber l'étoile si elle est restée accrochée, ou pour faire pénétrer le feu à travers la cendre qui pourrait le séparer du pulvérin.

Avec cette seule précaution de bifurquer le cordeau, la boîte de Boule devient un excellent allumeur. Il y a en outre quelques autres précautions à prendre : ne pas oublier de mettre un couvercle sur la boîte, autrement l'étoile pourrait sortir par le haut si l'on tirait trop brusquement sur le cordeau ; avoir soin de pratiquer des trous dans les parois de la boîte et au-dessus du tiroir, autrement le feu pourrait s'éteindre faute d'air ; ne pas trop consolider la boîte, afin que si l'on avait négligé de prendre les précautions indiquées ci-dessus et qu'on ne pût pas déterminer l'explosion, il fût possible de séparer la boîte du transmetteur, en tirant sur le cordeau, et d'aller, sans danger, s'assurer de la cause du raté et recommencer l'opération.

Pour obtenir des explosions simultanées avec la boîte de Boule, on a le choix entre deux moyens : employer autant de boîtes qu'il y a de fourneaux et arracher tous les tiroirs à la fois ; ou bien, faire aboutir tous les transmetteurs dans une seule boîte. Que l'on fasse usage de l'un ou de l'autre de ces deux procédés, il faut avoir soin que la quantité de pulvérin ne soit pas assez considérable pour briser la boîte, autrement les transmetteurs pourraient être projetés sans être enflammés.

La fusée *Bickford* est un fort bon allumeur ; mais les opérations militaires exigent quelquefois que les explosions soient faites à un moment donné, et en pareil cas cette fusée ne vaut rien. L'*électricité* ne laisserait rien à désirer sous ce rapport, mais elle présente les inconvénients que nous avons signalés (§ 9).

Le *cordeau La Rivière* peut lui-même servir d'allumeur ; il faut seulement qu'il soit assez long pour que le mineur qui opère n'ait rien à craindre des effets de l'explosion.

L'assiégeant doit éviter de faire usage des allumeurs qui produisent de la fumée, autrement un observateur placé sur la fortification qui apercevrait cette fumée pourrait, d'un coup de sifflet de convention, prévenir qu'un fourneau de l'attaque va jouer, et les hommes employés dans les rameaux auraient le temps de se soustraire aux effets de l'explosion.

§ 13. *Combustion de la poudre.*

La rapidité avec laquelle le feu se propage dans la poudre ferait supposer que la déflagration est instantanée. Théoriquement l'instantanéité n'est pourtant pas admissible. Dans une bouche à feu, le projectile se déplace avant que la totalité de la charge soit brûlée. Dans un fourneau souterrain fortement surchargé qui ne reçoit le feu que sur un seul point, l'explosion projette des grains de poudre non enflammés que l'on retrouve ensuite dans les environs.

Si l'on verse en plein air un kil. de poudre sur un madrier en chêne d'un mètre de long (entre deux supports), de 0ᵐ,30 de large et de 0ᵐ,05 d'épaisseur, l'explosion ne produit ni détonation ni commotion. Si l'on recommence l'expérience en recouvrant la poudre avec une feuille de papier, l'explosion produit alors une faible détonation, mais le madrier n'est pas brisé. Si l'on recommence encore et que l'on remplace la feuille de papier par 4 décimètres cubes de sable, le madrier est alors brisé par le milieu.

Si l'on place 96 kil. de poudre de bonne qualité (la charge du fourneau ordinaire de 4ᵐ,00 de L. M. R.) dans une terre ordinaire et à 10ᵐ,00 de profondeur ($h \times 2,50$), l'explosion produit une forte commotion, mais le sol n'est pas dérangé. Si au moyen de puits accolés on ouvre une tranchée passant par l'emplacement du fourneau, on découvre une sphère vide dont le rayon OR= 2ᵐ,40 ($h \times 0,60$); et au delà de cette sphère vide

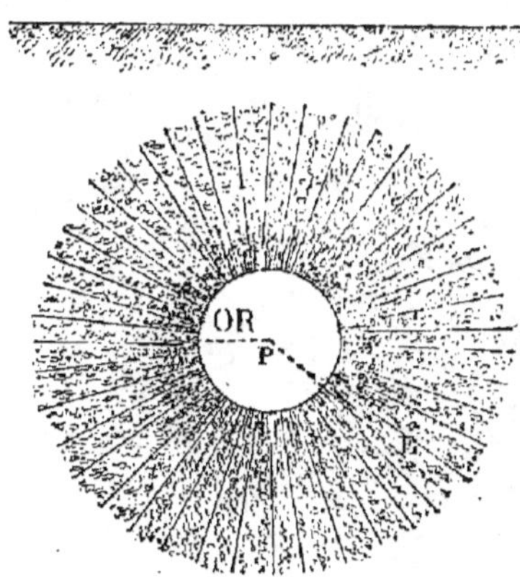

Figure 1.

on remarque une compression qui s'étend jusqu'à 7ᵐ,70 du centre du fourneau; le rayon de cette compression E=OR×3,21.

Si l'on recommence l'opération en réduisant la profondeur à 7ᵐ,00 ($h\times1,75$), l'explosion produit une commotion plus forte que la précédente; le sol se soulève et forme une calotte sphérique d'environ 1ᵐ,00 de

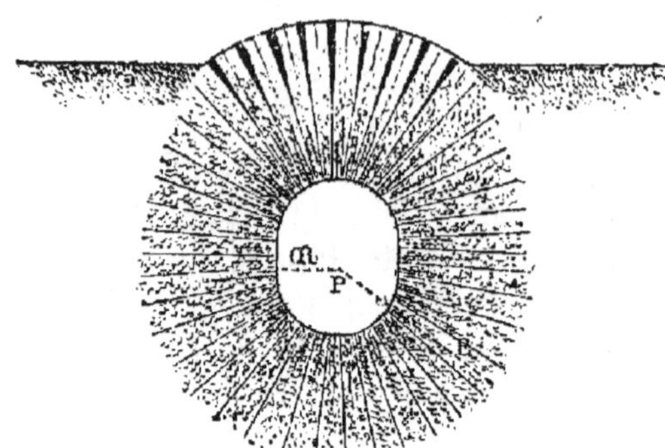

Figure 2.

flèche ($\frac{1}{4}$ de h), s'étendant jusqu'à une distance de 4^m,00 (h), au moins. En allant visiter l'emplacement du fourneau on découvre une chambre vide allongée dans le sens de la L. M. R.; cette chambre se compose de deux demi-sphères réunies par un cylindre d'environ 1^m,00 de longueur et de 2^m,00 de rayon ($h \times 0,50$).

Si l'on recommence encore, en mettant la charge (toujours la même) à la profondeur de h (4^{m}00), la

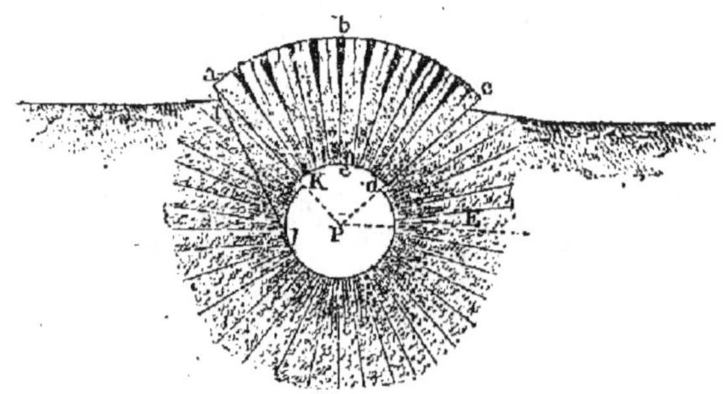

Figure 3.

commotion est encore plus forte que précédemment ; la calotte se prononce davantage aussi, et enfin une gerbe se détache et s'élève jusqu'à environ 16^{m}00 ($h \times 4,00$) ; la gerbe en retombant étend ses débris jusqu'à 12^{m}00 ($h \times 3,00$), et forme autour de l'enton-

noir une lèvre
circulaire dont
la plus grande
épaisseur est
égale à 0^m,60
($h \times 0,15$). Le
rayon de l'en-
tonnoir T =
4^m,00 = h.

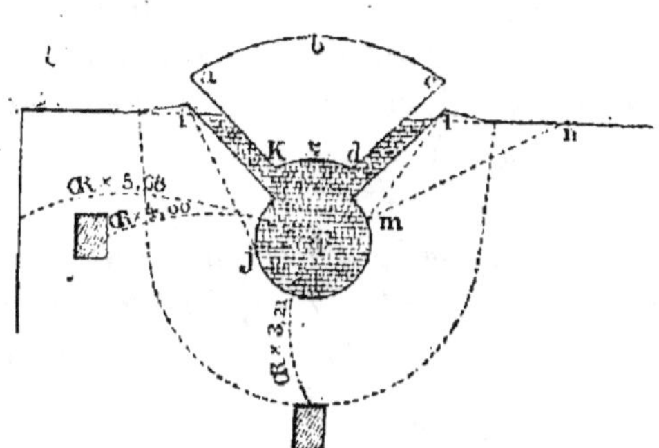

Figure 4.

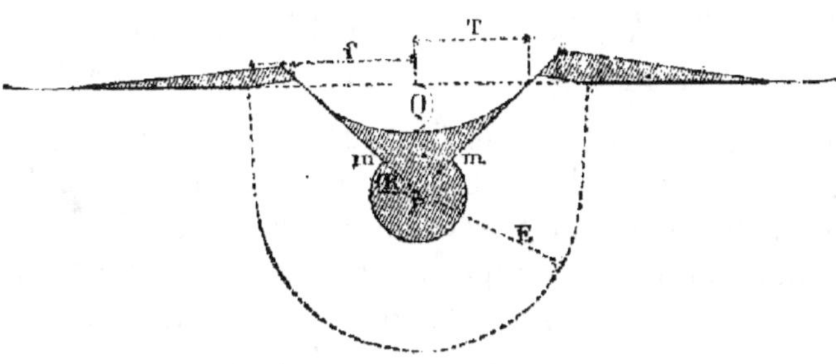

Figure 5.

La profondeur Q de l'entonnoir, non compris les lèvres, = 1^{m}60 ($h \times 0,40$). Le rayon de la sphère vide OR = 1^{m}76 ($h \times 0,44$).

Enfin, si l'on recommence de nouveau, en réduisant la profondeur des poudres à 2^{m}00 ($h \times 0,50$), on ob-

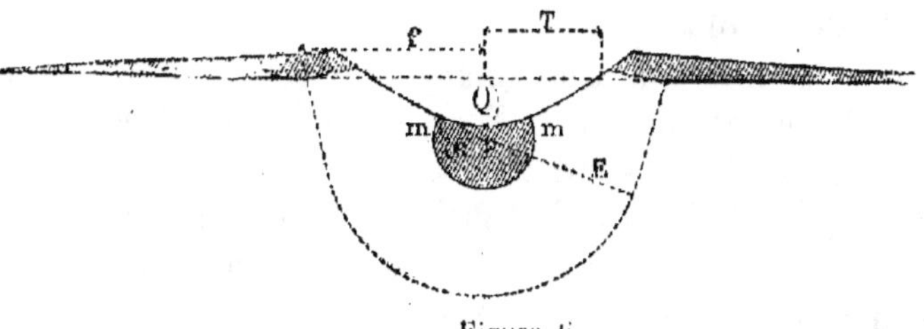

Figure 6.

tient : $OR = 1^m68$ $(h \times 0,42)$; $E = 5^m39$ $(h \times 3,21)$; $T = 4^m00 = h$. La gerbe s'élève plus haut que précédemment, et produit une lèvre plus étendue et par suite plus mince. La profondeur Q de l'entonnoir $= 1^m,60$ $(h \times 0,40$.

§ 14. *Rayons de la sphère vide et leurs conjugués, d'après un grand nombre d'expériences faites dans les trois écoles du Génie, et dont on a pris les moyennes.*

$$\text{Rapport entre P et OR} \begin{cases} n = 0.00 \\ n = 0.75 \\ n = 1.00 \\ n = 1.50 \\ n = 2.00 \\ n = 2.50 \\ n = 3.00 \end{cases} : OR = h \times \begin{cases} 0.50 \\ 0.46 \\ 0.44 \\ 0.43 \\ 0.42 \\ 0.445 \\ 0.44 \end{cases} \begin{array}{|l} \text{En multipliant OR} \\ \text{par les coefficients :} \\ 5.68 - 4.00 - 3.21 \\ - 2.27 - 2.05,\ \text{on} \\ \text{obtient les rayons :} \\ D - rh - rv - Rh \\ - Rv - \text{et (R).} \end{array}$$

Dans la pratique il serait difficile de faire usage du tableau qui précède, attendu que le rayon de la sphère vide OR ne peut être connu qu'au moyen de fouilles qui demandent un temps considérable ; aussi donnons-nous ci-après (§ 15) un grand tableau qui fait connaître tous les rayons de rupture en fonction de h.

§ 15. *Puissance destructive des fourneaux.*

De tous les phénomènes qui résultent de l'explosion d'un fourneau les effets de rupture sont, à beaucoup près, les plus importants ; et nous avons la satisfaction de pouvoir enregistrer des progrès sensibles sur cette partie des mines.

D'après Lebrun, une charge de poudre aurait toujours la même puissance destructive, à quelque profondeur qu'elle soit placée. Cette opinion, que le raisonnement n'admet que difficilement, est en opposition avec de nombreux résultats obtenus dans les écoles régimentaires, et surtout avec une observation recueil-

lie par le capitaine Guillemot pendant la démolition
des docks de Sébastopol. Il paraît bien certain qu'une
charge de poudre produit des effets destructifs d'autant plus grands qu'elle est plus enfoncée sous le sol,
au moins pour les profondeurs de 8 à 10 mètres, que
les mines militaires dépassent rarement.

Une galerie offre plus de résistance par le ciel que
par le côté. Cette différence vient de ce que les chapeaux ont de plus fortes dimensions et moins de portée que les montants. Quelques officiers croient que
cela vient plutôt de la différence de densité des couches
concentriques du globe. Mais les profondeurs où se
pratiquent les mines militaires ne paraissent pas assez
considérables pour que cette différence soit appréciable. Au reste, on a fait à Montpellier des expériences
où les galeries situées au-dessous des fourneaux, aussi
bien que celles qui étaient sur le côté, présentaient les
montants vers l'explosion ; et on a constaté que les effets de rupture étaient les mêmes. Il semble d'ailleurs
que si la différence de densité était appréciable, les
fourneaux ordinaires ne devraient produire des effets
semblables que lorsqu'ils seraient situés à des profondeurs égales, ce qui n'a jamais été observé ; on a cru
remarquer, au contraire, que les gros fourneaux ordinaires produisaient plus d'effet que les petits, propor-
tionnellement, bien entendu.

Il a été question plus haut d'un rayon de rupture limite rh, et d'un rayon de renversement D, ce qui ne
paraîtra peut-être pas fort clair pour tout le monde.
La rupture limite est une longueur que tous les mineurs connaissent ; c'est la plus courte distance où une
galerie puisse être placée sans être brisée par l'explosion d'un fourneau. Horizontalement, si $n = 1.00$, cette
distance est égale à $\frac{7}{4}$ de h contre les montants d'une
demi-galerie ; contre les montants d'une grande gale-

rie, cette longueur est plus considérable, et elle augmente avec les dimensions de la paroi du vide. S'il y a dans les environs d'un fourneau une solution de continuité dans le terrain présentant une grande surface (une contrescarpe), cette paroi verticale ne sera à l'abri de l'explosion que si elle en est éloignée de $h \times 2,50$. C'est cette puissance destructive qui est désignée par l'expression de rayon de renversement.

Voyez le tableau suivant pour les effets de rupture en fonction de h.

TABLEAU

POUR LES EFFETS DE RUPTURE EN FONCTIONS DE h.

NATURE DES VIDES.	VALEUR de n.	BONNES RUPTURES contre des galeries vides, prises en travers.		RUPTURES contre des prises.
		Horizontales.	Verticales.	Horizontales.
GALERIE MAJEURE.	$n = 0.00$	1.69	1.20	2.14
	$n = 0.75$	1.56	1.09	1.97
	$n = 1.00$	1.49	1.05	1.88
	$n = 1.50$	$= h \times$ 1.43	$= h \times$ 1.03	$= h \times$ 1.84
	$n = 2.00$	1.43	1.00	1.80
	$n = 2.50$	1.44	0.98	1.77
	$n = 3.00$	1.40	0.97	1.75
GRANDE GALERIE.	$n = 0.00$	1.64	1.16	2.08
	$n = 0.75$	1.52	1.06	1.92
	$n = 1.00$	1.45	1.02	1.83
	$n = 1.50$	$= h \times$ 1.44	$= h \times$ 1.00	$= h \times$ 1.78
	$n = 2.00$	1.39	0.98	1.74
	$n = 2.50$	1.37	0.96	1.72
	$n = 3.00$	1.36	0.95	1.70
DEMI-GALERIE.	$n = 0.00$	1.60	1.14	2.00
	$n = 0.75$	1.48	1.04	1.84
	$n = 1.00$	1.44	1.00	1.76
	$n = 1.50$	$= h \times$ 1.38	$= h \times$ 0.98	$= h \times$ 1.72
	$n = 2.00$	1.35	0.95	1.68
	$n = 2.50$	1.33	0.94	1.66
	$n = 3.00$	1.32	0.93	1.64
GRAND RAMEAU.	$n = 0.00$	1.50	1.14	1.89
	$n = 0.75$	1.44	1.04	1.74
	$n = 1.00$	1.37	0.97	1.67
	$n = 1.50$	$= h \times$ 1.35	$= h \times$ 0.95	$= h \times$ 1.63
	$n = 2.00$	1.34	0.92	1.59
	$n = 2.50$	1.29	0.94	1.57
	$n = 3.00$	1.28	0.90	1.55
PETIT RAMEAU.	$n = 0.00$	1.51	1.07	1.88
	$n = 0.75$	1.40	0.97	1.72
	$n = 1.00$	1.33	0.94	1.66
	$n = 1.50$	$= h \times$ 1.30	$= h \times$ 0.92	$= h \times$ 1.62
	$n = 2.00$	1.27	0.90	1.58
	$n = 2.50$	1.26	0.88	1.56
	$n = 3.00$	1.24	0.87	1.54
RAMEAU DE COMBAT.	$n = 0.00$	0.92	0.66	1.12
	$n = 0.75$	0.85	0.59	1.05
	$n = 1.00$	0.84	0.57	0.99
	$n = 1.50$	$= h \times$ 0.79	$= h \times$ 0.55	$= h \times$ 0.96
	$n = 2.00$	0.77	0.54	0.94
	$n = 2.50$	0.76	0.53	0.93
	$n = 3.00$	0.75	0.52	0.92

NATURE DES VIDES.	VALEUR de n.	LIMITES galeries vides en travers. Verticales.	RUPTURES LIMITES prenant en pointe des galeries en bois vides.	RUPTURES LIMITES prenant en travers des galeries en bois bourrées.	RUPTURES LIMITES contre des galeries maçonnées, non bourrées. En travers.	En pointe.
GALERIE MAJEURE.	$n = 0.00$	1.69	1.27			
	$n = 0.75$	1.56	1.16			
	$n = 1.00$	1.49	1.11			
	$n = 1.50$	$= h \times$ 1.45	$= h \times$ 1.09	$= h \times$?	$= h \times$?	$= h \times$?
	$n = 2.00$	1.43	1.06			
	$n = 2.50$	1.41	1.05			
	$n = 3.00$	1.40	1.04			
GRANDE GALERIE.	$n = 0.00$	1.64	1.16		1.14	0.85
	$n = 0.75$	1.52	1.06		1.04	0.78
	$n = 1.00$	1.45	1.02		1.00	0.75
	$n = 1.50$	$= h \times$ 1.44	$= h \times$ 1.00	$= h \times$?	$= h \times$ 0.97	$= h \times$ 0.72
	$n = 2.00$	1.39	0.98		0.95	0.74
	$n = 2.50$	1.37	0.96		0.94	0.70
	$n = 3.00$	1.36	0.95		0.93	0.69
DEMI-GALERIE.	$n = 0.00$	1.60	1.03		1.14	0.83
	$n = 0.75$	1.48	0.94		1.02	0.76
	$n = 1.00$	1.44	0.90		0.98	0.73
	$n = 1.50$	$= h \times$ 1.38	$= h \times$ 0.88	$= h \times$?	$= h \times$ 0.93	$= h \times$ 0.74
	$n = 2.00$	1.35	0.86		0.93	0.70
	$n = 2.50$	1.33	0.85		0.92	0.69
	$n = 3.00$	1.32	0.84		0.94	0.68
GRAND RAMEAU.	$n = 0.00$	1.56	0.92	1.14		
	$n = 0.75$	1.44	0.84	1.04		
	$n = 1.00$	1.37	0.84	1.00		
	$n = 1.50$	$= h \times$ 1.34	$= h \times$ 0.79	$= h \times$ 0.97	$= h \times$?	$= h \times$?
	$n = 2.00$	1.34	0.77	0.95		
	$n = 2.50$	1.29	0.76	0.94		
	$n = 3.00$	1.28	0.75	0.93		
PETIT RAMEAU.	$n = 0.00$	1.51	0.81	1.14		
	$n = 0.75$	1.39	0.74	1.02		
	$n = 1.00$	1.33	0.71	0.98		
	$n = 1.50$	$= h \times$ 1.30	$= h \times$ 0.69	$= h \times$ 0.95	$= h \times$?	$= h \times$?
	$n = 2.00$	1.27	0.67	0.93		
	$n = 2.50$	1.25	0.66	0.92		
	$n = 3.00$	1.24	0.65	0.94		
RAMEAU DE COMBAT.	$n = 0.00$	0.92	0.70	0.57		
	$n = 0.75$	0.85	0.63	0.52		
	$n = 1.00$	0.84	0.64	0.50		
	$n = 1.50$	$= h \times$ 0.79	$= h \times$ 0.59	$= h \times$ 0.49	$= h \times$?	$= h \times$?
	$n = 2.00$	0.77	0.58	0.48		
	$n = 2.50$	0.76	0.57	0.47		
	$n = 3.00$	0.75	0.56	0.46		

Le tableau qui précède a été dressé au moyen des indications prises au § 14 ; ce tableau présente en apparence, des anomalies qui s'expliquent pourtant, avec un peu de réflexion. La puissance destructive des fourneaux éprouve une résistance d'autant plus grande, que les dimensions des galeries sont plus petites. Cette puissance diminue donc en passant d'une grande galerie à une demie galerie, etc. Si les galeries sont prises par le travers, cette décroissance suit un parallélisme régulier. Mais ce parallélisme disparaît entre deux galeries dont l'une est prise par le flanc et l'autre par la pointe. Si une explosion atteint une galerie majeure ou une demi-galerie par la pointe, il en résulte une différence plus grande que si ces deux galeries sont prises par le travers. Dans le premier cas la décroissance est plus rapide que dans le second.

§ 16. *Forme de l'entonnoir.*

Bien que dans la pratique il ne soit pas indispensable de connaître exactement la forme de l'entonnoir, il n'en est pas moins vrai que cette question est le principe fondamental de la théorie du fourneau.

La forme de l'entonnoir a été l'objet de minutieuses recherches de la part de tous les hommes dont notre spécialité s'honore, tels que *Deville, Vauban, Mesgrigny, Vallière, Bélidor*, etc. Et si *Lebrun* faisait semblant de dédaigner cette question, ce n'était qu'en apparence, attendu qu'après y avoir consacré un long article il se croyait obligé de représenter les entonnoirs par des profils arbitraires.

Deville croyait qu'au-dessus de la charge ordinaire des fourneaux, plus on augmentait la quantité de poudre, plus le diamètre de l'entonnoir diminuait, jusqu'à devenir un puits cylindrique. Cet illustre ingénieur avait été induit en erreur par l'analogie : pen-

dant les guerres de religion, il avait souvent enfoncé
des portes à coups de canon ; et il avait observé qu'un
boulet lancé à pleine vitesse ne faisait qu'un trou dans
la porte; tandis qu'avec une vitesse moindre la porte
était brisée. Deville était dominé par cette idée préconçue lorsqu'il s'occupa ensuite de l'explosion des
fourneaux, et on conçoit que cette erreur était alors
bien facile à commettre.

Vauban, *Mesgrigny* et *Vallière* admettaient d'un commun accord que l'évasement de l'entonnoir du fourneau ordinaire avait un diamètre égal à deux fois la
L. M. R.; mais ces trois grandes célébrités différaient
d'opinion sur le profil de l'entonnoir : d'après Vauban,
c'était un triangle rectangle dont le sommet était au
centre du fourneau; d'après Mesgrigny, ce profil était
un trapèze; d'après Vallière c'était une parabole; et
enfin d'après Bélidor, l'entonnoir était un tronc de
cône terminé par un chaudron. Bélidor fit voir que le
diamètre de l'entonnoir pouvait être égal à six fois la
L. M. R.

Aujourd'hui, nous croyons pouvoir affirmer que le solide qu'une explosion projette dans l'espace se compose
de la masse $abcdek$ (*fig.* 3); avant le commencement
de l'explosion ce solide était un cône représenté par le
profil iPl. Vauban avait donc raison de dire que la
forme de l'entonnoir est un cône ayant son sommet au
centre du fourneau. Sur quoi se sont donc appuyés
Vallière et Bélidor pour repousser l'opinion de Vauban? Le voici, très-probablement : dès que l'intrados
de la voûte en surplomb n'est plus soutenu par la tension des gaz, il se produit ordinairement un éboulement suivant la ligne ij; et quand la gerbe est retombée dans l'entonnoir et que l'on déblaie celui-ci pour
en examiner la forme, on est induit en erreur par la
partie éboulée. De là le paraboloïde de Vallière et le

tronc de cône terminé par un chaudron de Bélidor. Mesgrigny fut aussi trompé par ces éboulements; mais comme il ne voulait pas comprendre dans l'entonnoir la partie inférieure de la sphère qui n'est que comprimée, il lui sembla que le solide enlevé était un tronc de cône dont la petite base passait par l'emplacement du fourneau.

Nous avons dit plus haut que la partie en surplomb de la voûte s'éboulait ordinairement; et c'est, en effet, ce qui arrive quand on emploie de fortes charges, de 80 à 100 kilogrammes; mais si l'on n'emploie que des charges de 20 à 30 kil., et si l'on opère dans une terre argileuse, alors la voûte en surplomb ne s'éboule pas; mais dans le fourneau ordinaire, où les génératrices de l'entonnoir sont inclinées à 45°, la gerbe en retombant dégrade le talus de l'entonnoir et le réduit à la ligne $l\,m$ (*fig.* 4). Si l'on place ces mêmes charges de poudre à de moindres profondeurs, on a alors des fourneaux surchargés qui donnent des entonnoirs plus évasés, ayant conséquemment des talus plus doux et moins susceptibles d'être dégradés par la chute de la gerbe : aussi voit-on alors, en fin d'explosion, que les génératrices sont dirigées vers le centre du fourneau de l'entonnoir (Voir la ligne $m\,n$.)

Ceux qui ont visité des entonnoirs ont dû voir de gros blocs de terre, ayant des arêtes vives et présentant un côté concave comprimé et noirci par la poudre. Ces énormes voussoirs n'avaient certainement pas fait partie de la gerbe projetée; ils provenaient donc de la voûte éboulée.

En résumé, quelles que soient les apparences, les génératrices d'un entonnoir sont toujours des rayons de la sphère d'activité. Comment admettre en effet que ces génératrices pourraient être des lignes brisées! Le solide projeté est donc un cône : aigu dans le fourneau sous-chargé, droit dans le fourneau ordinaire et obtus dans le fourneau surchargé.

D'après Lebrun, une même charge de poudre ouvre des entonnoirs d'autant plus grands qu'on la met plus près du sol. Lebrun s'était formé cette opinion en s'appuyant sur des hypothèses d'après lesquelles des fourneaux de 3,660 livres de poudre placées à 12 pieds de profondeur auraient produit des entonnoirs de 36 pieds de rayon, tandis que la même charge placée en fourneau ordinaire n'aurait produit qu'un entonnoir de 33 pieds de rayon.

Si l'on mesure l'ouverture des entonnoirs à la partie supérieure des lèvres, l'opinion de Lebrun peut se trouver justifiée, parce que l'évasement des lèvres augmente considérablement dans les fourneaux surchargés. Mais si l'on mesure l'ouverture des entonnoirs à hauteur du sol naturel, de nombreuses expériences nous permettent de dire qu'une charge de poudre ouvre toujours la même superficie de terrain, que cette charge soit placée en *fourneau surchargé, ordinaire* ou *sous-chargé;* seulement l'entonnoir est plus ou moins évidé. Et même, si cette charge est placée en *camouflet maximum*, la même surface sera encore soulevée, mais elle ne sera pas projetée.

§ 17. *Explosions horizontales.*

Jusqu'à une époque peu éloignée, on n'avait observé que les entonnoirs des explosions agissant de bas en haut. Les Anglais ayant parlé de résultats obtenus au moyen d'explosions horizontales, la commission des expériences de Bapaume (en 1847) mit cette question dans son programme, et il faut convenir qu'elle en valait bien la peine, à cause des nombreuses circonstances où le mineur a besoin d'agir horizontalement.

A Bapaume, on se convainquit que pour ouvrir un

entonnoir dans une paroi verticale non revêtue, il ne fallait que le $\frac{1}{4}$ de la charge employée pour ouvrir le même entonnoir en agissant de bas en haut; et que lorsque la paroi verticale était revêtue, il fallait employer la moitié de la charge classique au lieu du $\frac{1}{4}$. On fit aussi la remarque que, pour renverser un revêtement, il y avait avantage à placer les fourneaux à une certaine distance en arrière du revêtement, au lieu de les incruster dans la maçonnerie.

§ 18. *Entonnoirs renversés.*

Les effets de rupture de haut en bas ont été souvent observés, puisqu'on a pu en conclure la résistance que le ciel des galeries doit leur opposer. Mais on n'a jamais, que nous sachions, essayé d'ouvrir des entonnoirs de haut en bas; il ne semble pas, du reste, que des expériences de cette nature puissent être utiles dans la pratique, mais les observations qui pourraient en résulter ne seraient pas sans intérêt pour la science du mineur. Si, pour agir horizontalement, quand il n'y a qu'à pousser la gerbe sans la soulever, il suffit de la moitié ou du quart de la charge classique; il en faudrait bien moins encore en agissant de haut en bas, puisqu'une fois désagrégrée la terre s'en irait seule par son propre poids.

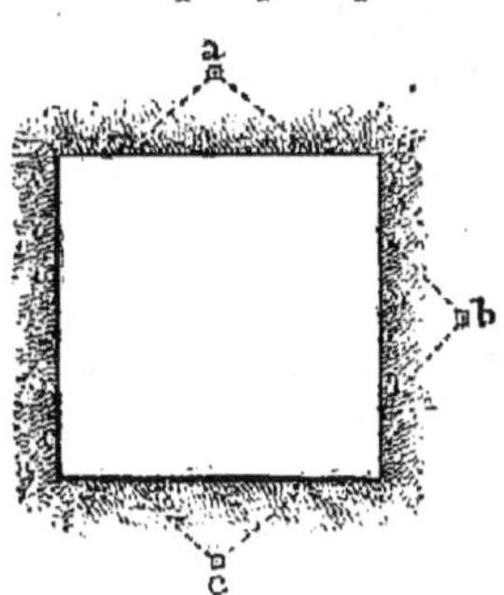

Figure 7.

Les excavations souterraines présentent rarement d'assez grands plafonds pour ouvrir des entonnoirs de haut en bas; mais il serait facile d'en faire dans des proportions réduites. Supposons qu'une galerie majeure soit coffrée sur ses quatre faces, avec des pièces de bois de même équarrissage et des planches de coffrages de même épaisseur ; si l'on plaçait trois fourneaux au-dessus, au-dessous et sur le côté de cette galerie, ces fourneaux produiraient des entonnoirs qu'il serait intéressant d'observer.

§ 19. *Explosion à double entonnoir.*

Si un fourneau est placé dans le milieu d'un mur non terrassé de 4ᵐ00 d'épaisseur, il aura deux L. M. R. de $2^m,00$; et l'explosion de ce fourneau devra produire deux entonnoirs opposés par leur sommet. Puisqu'il y aura deux entonnoirs à produire, faudra-t-il doubler la charge ? Nous avons vu (§ 17) que dans les explosions

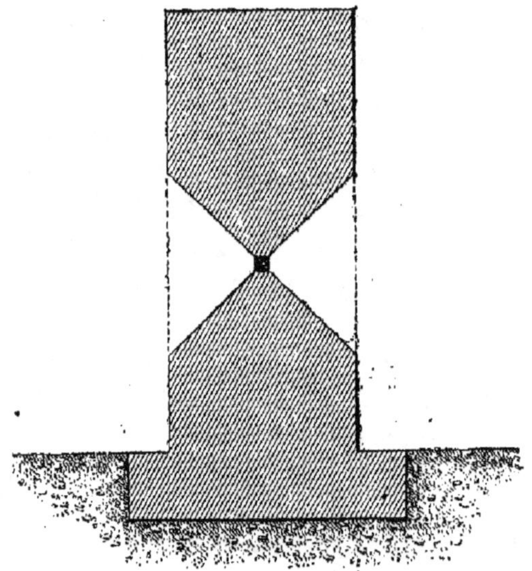

Figure 8.

horizontales il ne fallait que le $\frac{1}{4}$ de la charge classique ; il faudra donc, pour les deux entonnoirs à produire, la moitié de la même charge : $C = \dfrac{P^3 \times g.}{2}$

3

Si au lieu d'être placé dans le milieu d'un mur non terrassé, le fourneau était destiné à ouvrir une trouée dans un masque en terre revêtu en avant et en arrière, comme une contre-garde, la charge du fourneau placé

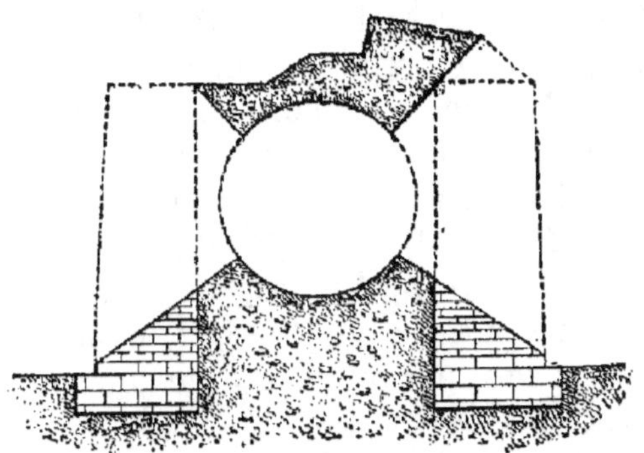

Figure 9.

en O serait calculée ainsi : pour un des entonnoirs,
$C = \dfrac{P^3 \times g}{2}$; et pour les deux entonnoirs, $C = P^3 \times g$. G représenterait la nature de la terre comprise entre les deux revêtements et non celle des revêtements eux-mêmes.

§ 20. *Fourneaux plats.*

Bélidor et Lebrun ont affirmé qu'un fourneau plat ouvrait un plus grand entonnoir (mais moins profond) qu'un fourneau cubique, et que le mineur de la défense devait employer les fourneaux plats. Cette assertion est exacte, mais il est bon d'en faire voir la cause. Un fourneau plat peut être considéré comme étant composé de plusieurs petits fourneaux cubiques, réunis les uns à côté des autres; et si au lieu d'être juxtaposés ils étaient espacés de la moitié de h, et enflammés simultanément, le résultat serait encore bien meilleur; et il serait meilleur encore si on les espaçait de *h*, et même de **2** *h*. Cela vient de ce que les charges de poudre varient comme les cubes des L. M. R., tandis que les surfaces du sol ouvertes varient comme les carrés de ces mêmes lignes. *Exemple :* Soient deux fourneaux ordinaires, l'un de $4^m,00$ de L. M. R. et l'autre de $8^m,00$; le premier demandera, dans une terre ordinaire, 96 kilog. de poudre et ouvrira une surface de $50^{m2},24$; le second demandera une charge huit fois plus forte, et ouvrira une surface quatre fois plus grande seulement ($200^{m2},96$). Avec la charge du second on pourrait donc faire huit fourneaux comme le premier et ouvrir une surface de $401^{m2},92$, c'est-à-dire deux fois plus grande qu'avec la charge totale mise en un seul fourneau.

Quand il ne s'agit que de soulever le sol pour faire sauter les travaux de l'assiégeant, les petits fourneaux sont préférables aux gros; mais si du même coup on veut soulever le sol et agir à de grandes profondeurs, les gros fourneaux seuls peuvent atteindre ce double but.

§ 21. *Fourneaux allongés parallèlement au sol.*

Ces sortes de fourneaux se préparent au moyen de forages que l'on charge de poudre sur toute leur longueur. Pratiqués à des profondeurs de 6 à 8 mètres, ils produisent des rameaux cylindriques. Etablis à environ $2^m,00$ au-dessous du sol, ils ouvrent des tranchées qui ont reçu le nom de *sapes forées*.

§ 22. *Fourneaux allongés perpendiculairement au sol.*

Les fourneaux de cette nature sont ordinairement établis dans des forages verticaux : tels sont les camouflets contre-puits; et si on allonge la charge, c'est parce qu'elle ne peut pas s'étendre en largeur. Ces fourneaux produisent des entonnoirs profonds mais peu évasés;

on peut les considérer comme plusieurs fourneaux qui jouent successivement dans le même entonnoir.

§ 23. *Résistance des fourneaux chargés et bourrés.*

Si deux fourneaux ordinaires situés aux mêmes profondeurs sont bien bourrés, on peut en faire jouer un sans craindre d'enflammer l'autre, pourvu qu'ils soient séparés par une dame de terre vierge, ou bien damée, d'une épaisseur égale à h. Si le fourneau qui joue le premier est surchargé de manière .que $n = 2.00$, les fourneaux voisins, et à la même profondeur, ne seront pas détruits s'ils en sont éloignés de $h \times 0.85$; si $n = 3.00$, les fourneaux chargés, bourrés et situés à la même profondeur pourront. encore être utilisés s'ils en sont éloignés de $h \times 0.75$.

§ 24. *Fourneaux dont les entonnoirs se recroisent.*

Cette question est plus curieuse, qu'utile; elle n'a probablement jamais été utilisée dans la pratique, et on ne voit pas dans quels cas elle pourrait l'être. Nous nous contenterons donc de citer les quelques mots qu'en a dits **M. Boutault**, dans son cours lithographié.

Lorsque les cercles supérieurs des fourneaux se recroisent, leurs entonnoirs ont une partie commune qui permet de diminuer la charge de chacun. Si l'on connaissait le cube de cette partie commune, en le multipliant par k on aurait la quantité de poudre nécessaire pour l'enlever; et comme chaque fourneau contribue à cet enlèvement par moitié, on pourrait diminuer chaque charge de la moitié de cette quantité.

Pour deux fourneaux ordinaires d'égale profondeur P : quand les entonnoirs se recroisent du 1/4 de P, le solide commun est de. . . . . . . (0.016) P³

$$\begin{aligned} 1/2 \text{ de P} &. . . . . \quad (0.088) \text{ P}^3 \\ 3/4 \text{ de P} &. . . . . \quad (0.234) \text{ P}^3 \\ \text{de P} &. . . . . . . \quad (0.461) \text{ P}^3 \end{aligned}$$

§ 25. *Diminution et suppression du bourrage.*

Si un fourneau est situé à l'extrémité d'un petit rameau, de 0^m,80 sur 0^m,65, ayant pour longueur au moins deux fois la **L. M. R.** et formant un coude avant d'arriver à l'air libre; si la charge simple de ce fourneau est de 40 kil., le tableau ci-après, dressé par Lebrun, pourra servir de terme de comparaison (Voir les expériences de Mouzé).

CHARGES.	BOURRAGES.	SOMMES.
1.00	1.00	2.00
1.25	0.75	2.00
1.50	0.50	2.00
1.75	0.25	2.00
2.00	0.00	2.00

Comme on le voit ci-dessus, il faut que la charge et le bourrage fassent toujours la somme de 2.00. On obtiendra donc avec 80 kil. de poudre sans bourrage les mêmes effets de rupture qu'avec 40 kil. et un bourrage complet. Mais si à l'extrémité de ce même rameau on devait employer une charge simple de 324 kil. de poudre (pour une **L. M. R.** de 6^m,00), et si on voulait supprimer le bourrage, il ne serait pas nécessaire de doubler la charge pour obtenir le même résultat; et si l'on opérait à l'extrémité d'une demi-galerie, il ne suffirait pas de doubler la charge pour compenser la suppression du bourrage.

Il faut, en un mot, que la section du canal par où s'échappent les gaz et la quantité de poudre brûlée soient toujours dans le même rapport. Voilà ce que Lebrun avait omis de dire. Et le tableau qui précède, qu'il avait dressé pour les explosions au fond des puits, n'est applicable qu'aux petits rameaux; car les gaz s'échappent plus facilement de bas en haut qu'horizontalement.

§ 26. *Diminution et suppression du rameau.*

La longueur minimum d'un rameau est égale à $2\,h$;
et faut-il encore que ce rameau parte du fond d'un
puits ou d'une galerie, car s'il partait directement d'une
paroi verticale, cette paroi serait renversée par l'explosion. Si la longueur du rameau est réduite à 7/4,
6/4 ou 5/4 de h, il se produira de forts éboulements
de ce côté et même un commencement d'entonnoir ; et
si la longueur du rameau est seulement égale à la
L.M.R., ce sera du côté du rameau que se produira
l'entonnoir horizontal.

§ 27. *Rameaux obliques.*

Les rameaux obliques sont mauvais en principe. Si
chaque rameau ne devait contenir qu'un seul fourneau,
l'obliquité serait un avantage, attendu que l'hypoté-
nuse d'un triangle rectangle étant plus courte que les
deux autres côtés, il y aurait économie de temps et de
travail à prendre ce chemin de traverse. Mais pendant
une guerre souterraine bien conduite, la défense exécute des retours offensifs dans les rameaux dont les
fourneaux ont fait explosion ; et il ne faut pas avoir la
prétention de débourrer entièrement de tels rameaux.
Si l'on peut en débourrer les 3/4 pour le premier retour
offensif et la moitié pour le suivant, ce sera tout ce
que l'on pourra faire. Et comme en reculant ainsi on
se rapproche de l'écoute, à cause de l'obliquité du rameau, les explosions de ces retours offensifs deviennent
plus dangereuses pour soi-même que pour l'ennemi.

§ 28. *Rameaux grimpants.*

Un principe que personne ne conteste, c'est que dans
une guerre souterraine celui qui occupe le bas du terrain a l'avantage sur son adversaire. Les rameaux
grimpants sont donc une violation de ce principe. Pour

quoi, lorsqu'on est au bas du terrain, s'en éloigner pour remonter à sa surface ? Est-ce pour faire sauter les sapes de l'assiégeant ? Mais il y a un étage de fourneaux (contre-puits et camouflets contre-puits) destinés à cet usage. Tout le monde convient du reste, et l'histoire des siéges le confirme, que dès que l'assiégeant est prévenu qu'un glacis est miné, il se garde bien de cheminer au-dessus !

Nous conseillons donc de placer les fourneaux d'un dispositif aussi bas que possible, mais en les chargeant non pour soulever la surface du glacis, mais pour agir horizontalement contre le mineur de l'attaque, quand celui-ci sera assez près pour en éprouver les effets.

§ 29. *Retirades.*

Ce que nous avons dit (§ 27) à propos des retours offensifs est applicable aux retirades. Dans les rameaux obliques, les retirades sont plus nuisibles qu'utiles. Dans des rameaux parallèles aux écoutes on peut pourtant en tirer parti, attendu qu'on peut les charger autant que les fourneaux de tête ; mais elles ont le grave inconvénient d'empêcher d'écouter la marche du mineur ennemi, puisqu'elles exigent une augmentation de bourrage.

§ 30. *Contre-puits et camouflets contre-puits.*

En 1820, quand le colonel de Fleury inventa le contre-puits, Lebrun qualifia ce « clocheton » de joujou, bon seulement pour amuser les mineurs en temps de paix. Et dix ans après les praticiens partageaient encore cette manière de voir. Au moment de son apparition, le contre-puits avait des imperfections qui pouvaient faire douter de son utilité pratique. Mais le principe était bon ; et il a suffi de quelques améliorations pour en faire un très-bon instrument de guerre.

Dans le principe, on creusait un puits vertical jusqu'au ciel de la galerie; on pratiquait un trou dans les planches de ciel et on y fixait une gaîne; on comblait ensuite le puits jusqu'au-dessous de l'emplacement de la boîte aux poudres; on mettait cette boîte en place,

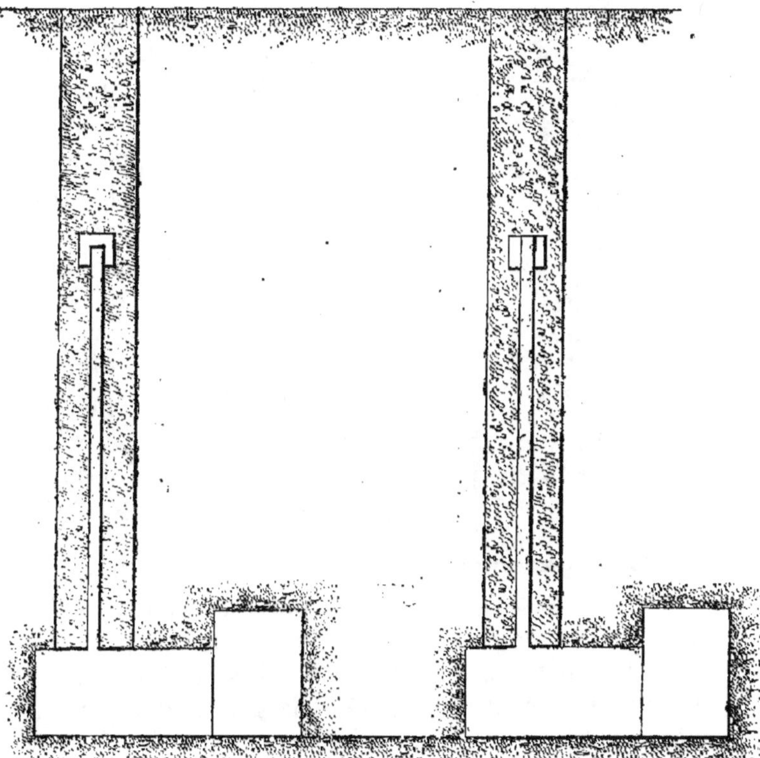

Figure 40.

dans laquelle la gaîne pénétrait par le milieu du fond; des tasseaux, cloués sur l'extérieur de la gaîne, étaient destinés à empêcher la boîte de descendre, et on achevait ensuite de combler le puits. Si le remblai du puits n'avait pas été damé avec soin, un tassement naturel se produisait bientôt; la boîte, pressée par le remblai qu'elle supportait et faiblement soutenue par le bas, emportait les tasseaux et descendait jusqu'au moment où son couvercle arrivait sur la gaîne. Plus tard, quand on voulait faire arriver la charge dans la boîte, on ne le pouvait pas et le contre-puits était perdu !

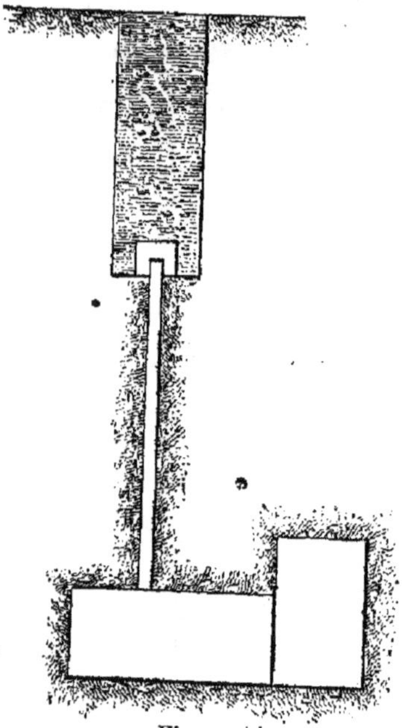

Dès qu'on fut en possession de la machine à camouflet, inventée en 1828 par le colonel Thuillier, on ne creusa le puits que jusque sous l'emplacement de la boîte aux poudres ; le canal de la gaîne était foré avec cette machine. De cette manière la boîte reposait sur la terre vierge, et les accidents signalés ci-dessus ne se reproduisirent plus.

Malgré l'amélioration dont il vient d'être parlé, la valeur du contre-puits paraissait encore illusoire : la boîte aux poudres devant être au moins à 2ᵐ50 au-dessous du sol, pour être garantie contre la chute des bombes, le fourneau se trouvait tellement rapproché de la galerie que pour ne pas la détruire on ne pouvait employer que des charges insignifiantes. On eut alors l'heureuse idée d'éloigner le fourneau du ciel de la galerie en inclinant la gaîne (1). Amélioré ainsi, le contre-puits est devenu un excellent moyen de défense contre les sapes de l'assiégeant. Et une lacune qui avait existé jusqu'alors dans

Figure 14.

---

(1) Cette amélioration est due au commandant Lebas.

3.

les mines se trouve ainsi comblée. On peut désormais

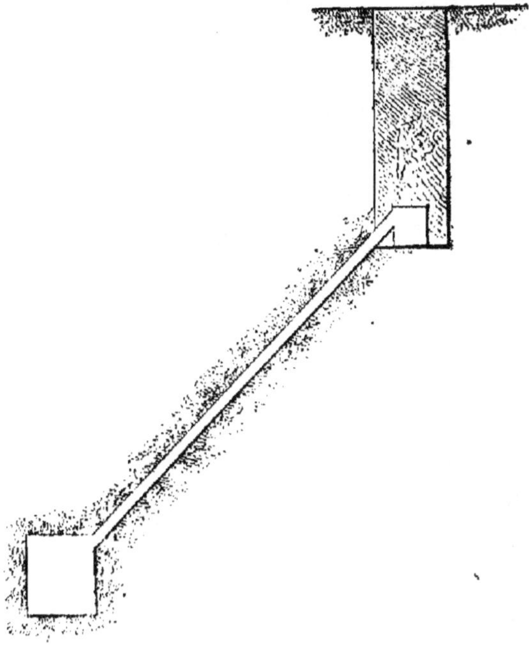

Figure 12.

se défendre au-dessus de soi sans faire le sacrifice de
ses galeries.

Camouflets contre-puits (1). Pour établir les contre-
puits il faut occuper le dessus du glacis sans y être in-
quiété par l'ennemi, ce qui n'est pas toujours possible.
Le colonel Thuillier essaya de creuser les contre-puits
de bas en haut, sans paraître sur le glacis ; n'ayant pas
pu réussir par les procédés ordinaires, il imagina alors

---

(1) L'appellation de camouflets contre-puits est ordinairement rem-
placée par celle de *forages verticaux*, comprenant tous les forages où
la terre fouillée descend toute seule du canal foré ; et on appelle *forages
horizontaux*, ceux que l'on exécute avec une tarière qu'il faut sortir du
forage dès qu'elle est pleine de terre.

la machine à forer qui réussit ordinairement fort
bien (1). Ces forages peuvent être ou tout à fait verticaux ou inclinés jusqu'à 45°; quand on fore sous un

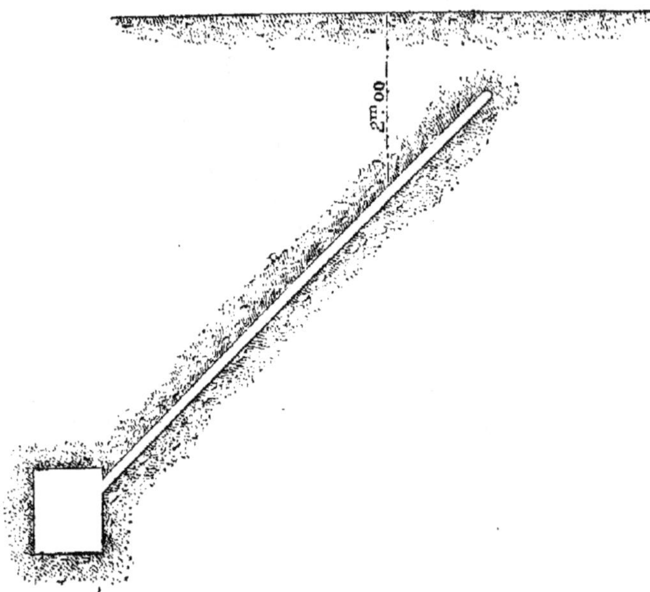

Figure 13.

plus grand angle, avec la verticale, la terre fouillée ne
descend plus d'elle-même.

Les forages tout à fait verticaux présentent de grandes
difficultés pour la mise en place de la charge et du
bourrage qu'il faut engager tout à la fois, ce qui nécessite l'emploi d'un cric. Pour que le bourrage puisse
résister à une pareille pression sans se déformer, on
est obligé de le faire en rondins de bois.

(1) Cette machine n'est arrivée à l'état de perfection où nous la
voyons aujourd'hui qu'après de nombreuses améliorations; la plus importante est due au sergent Crépaux, aujourd'hui capitaine.

Si les forages sont inclinés (de 35 à 40°) la mise en place de la charge et du bourrage se fait par éléments successifs, que l'on pousse au moyen d'un refouloir dont la tige est rendue à volonté articulée ou rigide; ce qui permet d'employer des bourrages en terre moulée.

§ 31. *Rameau de combat.*

Après avoir inventé le contre-puits, le colonel de Fleury ne crut pas avoir encore assez fait contre les attaques de vive force. Il supposait sans doute que l'assiégeant pourrait échapper à l'action des contre-puits et réussir à écraser les galeries, ou bien qu'après avoir sauté une fois, il pousserait la témérité jusqu'à se présenter de nouveau.

En 1823, le colonel de Fleury imagina de loger un rameau très-résistant dans l'intérieur de la galerie, afin que si celle-ci était brisée, le mineur de la défense se trouvât préservé par une seconde cuirasse en bois. Quand ce rameau est placé dans la galerie on bourre le vide qui reste entre ces deux enveloppes. Ce *rameau de combat* ne sert pas seulement pour résister aux explosions qui agissent perpendiculairement à la galerie; il joue un rôle non moins important contre les explosions qui la prennent par la pointe, que ces explosions soient produites par l'attaque ou par la défense. Pour que le rameau de combat pût offrir une plus grande résistance aux effets de

Figure 14.

ces dernières explosions, le colonel de Fleury le bourrait avec des bois calibrés, que l'on enlevait après les explosions. Ce débourrage n'ayant pas toujours été possible, on a définitivement renoncé aux bois calibrés, et aujourd'hui on bourre le rameau de combat de la même manière que tous les autres rameaux.

§ 32. *Aérage des mines.*

L'aérage des mines a fait des progrès sensibles depuis une vingtaine d'années. Le ventilateur à force centrifuge, en forme de turbine, et les tuyaux en caoutchouc de 0^m06 de diamètre extérieur et de 0^m005 d'épaisseur ne laissent pas grand'chose à désirer, au moins pour les mineurs de l'attaque. Quant à l'aérage de la défense, il a encore besoin d'être perfectionné, et en attendant quelque chose de mieux, voici ce que nous proposons, pour aérer les écoutes et les rameaux. Employer des ventilateurs soufflants afin d'avoir toujours de l'air pur en tête du travail, et refouler l'air vicié hors des écoutes. Placer les ventilateurs dans des locaux à l'épreuve de la bombe et les disposer de telle sorte qu'ils ne puissent pas aspirer l'air vicié qui est refoulé des galeries. Les tuyaux destinés à conduire l'air au fond des écoutes et des rameaux sont de plusieurs espèces, que nous classons ci-après par ordre de préférence.

1º Les tuyaux en caoutchouc, suspendus dans les angles supérieurs des galeries et des rameaux ; 2º les tuyaux en tôle, disposés comme les précédents ; 3º les gaînes en bois, placées dans les angles inférieurs des écoutes : ces gaînes ont l'inconvénient de ne pas pouvoir être placées dans les rameaux ; 4º et enfin les manches en toile, dispositif trompeur qui reçoit l'air et ne le rend pas, à cause des contractions et des plis qui se forment à l'intérieur.

Il faudrait employer pour chaque écoute deux ventilateurs indépendants : l'un pour l'écoute seule, et l'autre pour les rameaux. Le ventilateur de l'écoute serait muni d'une gaîne en bois établie sur toute la longueur de la galerie et sans aucune prise d'air. Le ventilateur des rameaux serait muni de quatre tuyaux en caoutchouc réunis par un ajutage à l'orifice du ventilateur. Ces quatre tuyaux seraient suspendus dans les angles supérieurs de la galerie (deux de chaque côté), et leur extrémité pénétrerait dans les rameaux. Les éléments de ces tuyaux (de 5^m00 chacun) pouvant se visser les uns aux autres, on pourrait, à volonté, allonger ou raccourcir chacun de ces tuyaux.

Quelque active que soit la ventilation pendant une guerre souterraine, elle ne suffit pas ; il faut, de plus, avoir soin d'asperger de temps à autre les parois des galeries avec du chlorure de chaux, ou de l'eau de chaux.

Il est encore indispensable d'avoir pour chaque écoute deux ou trois masques en éponge, que l'on tient noyés dans l'eau de chaux et dont on fait usage, au besoin, pour aller visiter un rameau inhabitable.

§ 33. *Mines forées.*

On trouve dans les *Fortifications* du chevalier Deville, publiées en 1628, la description d'une tarière destinée à pratiquer des forages dans les mines de la défense, pour entendre plus facilement le travail du mineur ennemi. Au siége de Candie, en 1667-1669, on imagina de pousser des sacs de poudre dans les forages destinés à écouter, et on s'en trouva bien. Et pourtant cet heureux essai, signalé par Goulon, qui avait pris part au siége de Candie, ne fut pas continué dans les nombreuses guerres souterraines qui eurent lieu ensuite.

Dans les ouvrages publiés depuis cette époque, la

tarière (ou plutôt le trépan) est indiquée comme un outil destiné à ouvrir des soupiraux pour faire évacuer l'air vicié des galeries.

Vers 1830, les écoles régimentaires du génie firent pourtant des expériences comparatives sur la vitesse des forages et des rameaux ordinaires ; mais les conclusions ne furent pas favorables aux forages.

En 1850, le capitaine Tholer, après avoir modifié et transformé l'outillage, exécuta des forages de 15 à 20 mètres en 3 ou 4 heures; mit des charges de 50 à 60 kil. à leur extrémité, et même jusqu'à 300 kil. dans des chambres qu'il creusait au moyen d'une tarière articulée.

Les succès obtenus par le capitaine Tholer firent une sensation profonde sur l'esprit de tous les mineurs, et les imaginations enthousiastes parlèrent bientôt de substituer les forages aux rameaux et même aux galeries.

Aujourd'hui, on est bien revenu de ces projets grandioses ; et peut-être qu'après avoir été trop admirée la tarière n'est pas appréciée comme elle mérite de l'être.

Les forages ne doivent être considérés que comme un moyen accessoire, attendu qu'ils ne sont pas praticables partout. Mais là où on pourra les employer ils pourront rendre de bons services, car ils offrent deux grands avantages : d'aller très-vite et de peu exposer les travailleurs. Mais il faut se contenter de leur donner une longueur raisonnable : à la défense, où il est possible de les préparer d'avance, on peut leur donner une longueur quelconque; mais à l'attaque une longueur de 10^{m}00 doit être considérée comme un maximum.

Les inconvénients des forages (de 0^{m}20) sont, 1° d'être arrêtés par une pierre, une planche, une racinc, etc. ; 2° de ne pouvoir contenir que de faibles charges si l'on ne creuse pas de chambre à leur extrémité ; 3° et si l'on veut creuser des chambres, de ne pas être certain de réussir. Dans les terres un peu grasses on ouvre très-facilement une chambre à l'extrémité au moyen d'une faible explosion ; mais ce procédé a l'inconvénient d'avertir l'ennemi que l'on va charger un fourneau sur le point indiqué.

Depuis une dizaine d'années, on essaie des forages à grand diamètre (0^m55) qui ne présenteraient pas les mêmes inconvénients que les petits, attendu qu'un homme pourrait aller retirer (à la main ou au moyen de la pioche ou de la scie) les obstacles qui arrêteraient la marche du travail. Ce grand diamètre serait susceptible de recevoir des charges considérables ; et si on voulait faire usage de charges plus fortes encore, un mineur irait avec une pioche et une pelle agrandir l'extrémité du forage, c'est-à-dire creuser une chambre.

§ 34. *Mines de projection.*

On se sert d'une fougasse de 2^m50 de profondeur, semblable à une fougasse-pierrier, ayant son axe dirigé vers le point où l'on veut projeter la mine ; son plateau débordant de quelques centimètres la base du tonneau qui contient le fourneau. Pour lancer 200 kil. de poudre à 60^m00 la charge de la fougasse est ordinairement de 40 kil. Le tonneau est tronconique, afin que la vitesse initiale ne laisse pas les cercles en arrière. Les cercles doivent être en fer, minces et en grand nombre, pour ne pas offrir une grande résistance à l'air ; les douves sont en sapin de 0^m10 d'épaisseur. Deux fusées sortant du tonneau sont mises en communication avec la charge de la fougasse.

§ 35. *Procédé pour attirer dans la place les canons d'une batterie de brèche.*

Quelque illusoires que paraissent certains procédés, il est prudent de ne pas les dédaigner. Celui qui consiste à prendre les pièces d'une batterie de brèche par l'emploi des explosions a été vivement critiqué par Lebrun, comme étant difficilement exécutable et de peu de valeur si l'on parvenait à réussir. On trouve pourtant dans la relation du siége de Turin, en 1706, un fait de cette nature qui prouverait au besoin que Lebrun se trompait doublement sur cette question : les défenseurs prirent aux assiégeants une pièce de canon que le peuple promena en triomphe dans les principales rues de la ville, ce qui exalta le patriotisme de tous les défenseurs.

Pour atteindre ce but, Bélidor proposait d'employer deux fourneaux : un de 8 kil. sous l'aplomb du centre de gravité de la pièce et à 2^m00 de profondeur ; et un deuxième de 180 kil., à 2^m50 plus loin et à 2^m50 de profondeur. Le petit fourneau devait jouer dix secondes avant le gros. Dans un siége, de pareilles précautions seraient difficiles à prendre, et on comprend que Lebrun ait trouvé ce procédé peu pratique. Mais d'après des expériences faites à Verdun, sous la direction du général de Rugy et rapportées par le professeur Alix, on peut arriver au même résultat d'une manière bien plus simple. Il suffit d'employer un seul fourneau, placé à une profondeur quelconque, mais légèrement surchargé, en ayant soin de le mettre au delà du centre de gravité de la pièce du $\frac{1}{6}$ environ de la L. M. R.

§ 36. *Faire brèche par la mine.*

La première opération qui se présente pour ouvrir une brèche dans une escarpe, c'est l'attachement du mineur. Il faut, autant que possible, amorcer l'œil du mineur avec une pièce de campagne, puisqu'on peut faire ainsi sans danger en dix minutes avec la pièce sur affût, en vingt-cinq minutes avec la pièce sur châssis, et en une heure avec la pièce sur chantier, une opération périlleuse qui exigerait de trois à quatre heures avec les outils ordinaires du mineur; et il est encore plus avantageux de continuer à tirer jusqu'à ce que le mur soit percé, ce dont on s'aperçoit quand la terre commence à sortir par l'œil de la mine. Par cette combinaison on peut approcher, au moyen de la mine, de la célérité de l'artillerie dans l'exécution des brèches, et on a alors l'avantage d'exposer peu de monde.

On fera, pour chaque brèche, deux entrées en rameau à 3^m00 de distance, soit qu'on ouvre le revêtement avec le canon de campagne ou qu'on attache le mineur. De cette manière on aura toujours un rameau qui ne rencontrera pas de contre-fort. S'il est impossible de se procurer un canon de campagne, on se dispose à attacher le mineur. On prépare pour cet effet 35 ou 40 madriers d'environ 4^m00 de longueur doublés en fer-blanc, que 40 ou 50 hommes vont appuyer contre l'escarpe, en ayant soin de mettre le pied de ces madriers à 2^m50 environ du pied du mur; on fait, avec des sacs à terre, un épaulement pour se couvrir du côté de l'ennemi. On ouvre l'escarpe à 0^m60 au-dessus du fond du fossé.

En appelant c la charge du fourneau ordinaire, C la charge d'un fourneau de brèche, P la L. M. R. par rapport au parement, D la distance verticale au terre-plein du rempart, on peut dès à présent poser les règles suivantes pour l'exécution d'une brèche.

On placera les fourneaux en arrière des contre-forts et on prendra $P = \dfrac{D}{2}$ au moins; on fera $C = \dfrac{5}{4} c$ pour les escarpes de 8ᵐ00 et plus ; $C = \frac{3}{2} c$ pour les escarpes de 6 à 8ᵐ00 ; et $C = 2c$ pour celles au-dessous de 6ᵐ00.

On pourra compter sur $T = 1,42\ P$. Chaque brèche sera faite par trois fourneaux espacés de P, situés en arrière des contre-forts et sur une ligne sensiblement parallèle au parement ; leur emplacement ainsi déter-

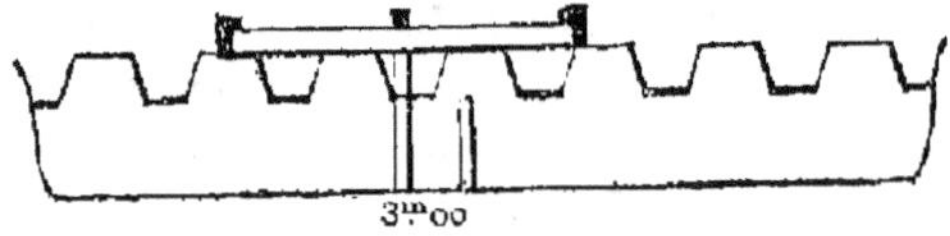

Figure 45.

miné, on ne s'occupera pas de la place des contre-forts ; on ne logera pas de fourneaux dans la maçonnerie ; on ne fera qu'un seul retour par fourneau, et du côté opposé au revêtement.

Les trois fourneaux seront également chargés : celui du milieu devrait être réduit, si on n'avait en vue que la démolition, mais comme il est destiné à agir sur les terres on le chargera complétement.

Si le terrain était favorable, et si l'on aimait mieux passer sous les fondations que de traverser le revêtement, on ferait alors $C = \frac{5}{2} c$, quelle que fût la hauteur du mur. En calculant la charge des fourneaux, g représentera la terre située en arrière du revêtement et non la maçonnerie que l'on voudra renverser.

Quand on est prévenu que l'escarpe à laquelle on veut faire brèche a une galerie, on perce cette galerie vers les extrémités de la brèche, soit au moyen d'un canon de campagne, si l'on peut se le procurer, soit en attachant le mineur à l'escarpe. Dans ce dernier cas on pousse deux rameaux de manière à placer à leur extrémité deux fourneaux préliminaires plus rapprochés de la galerie que du parement extérieur de l'escarpe, afin que ces deux explosions ouvrent ce qui reste à percer, et renvoient en même temps le bourrage des fourneaux préliminaires dans le fossé. Aussitôt après cette double explosion on se hâte de faire rouler quelques bombes chargées d'artifices dans la galerie. Quand ces bombes ont éclaté et que l'on pense pouvoir pénétrer dans la galerie, on y fait encore rouler des bombes amorcées seulement ; l'ennemi, s'attendant à de nouvelles explosions, donnera probablement le temps d'établir un barrage à chaque extrémité de la portion de galerie qu'on vient de lui enlever.

On amène ensuite, au plus vite, la charge de poudre en tonneaux que l'on place à égale distance des deux rameaux, et on bourre une portion de galerie de chaque côté, en se retirant.

Quant à la quantité de poudre, elle est calculée d'après ce qui a été dit précédemment.

Lorsqu'on fait brèche à une escarpe en faisant sauter sa galerie, il faut s'attendre à obtenir une brèche avec un ressaut qui sera souvent un obstacle pour les colonnes d'assaut, et qui nécessitera l'emploi de quelques obus pour le faire ébouler.

§ 37. *Déblayer le pied d'une brèche.*

Lorsque l'assiégé a des souterrains qui lui permettent d'arriver sous la brèche, il doit prendre ses dispositions pour en déblayer le pied et la rendre impraticable. Mais il ne suffit pas de déblayer le pied de la brèche ; il faut profiter de cette occasion, augmenter la charge et jeter les débris de la brèche sur les batteries de l'assiégeant.

Exemple d'une expérience faite à Bapaume. « L'artillerie avait fait brèche à la face droite du bastion 6, « en ouvrant une tranchée horizontale au 1/3 de la « hauteur de l'escarpe, à 3^{m}70 au-dessus du fond du

« fossé. Le talus de la brèche était de 36° ; son inter-
« section avec l'escarpe était à 7ᵐ00 au-dessus du fond

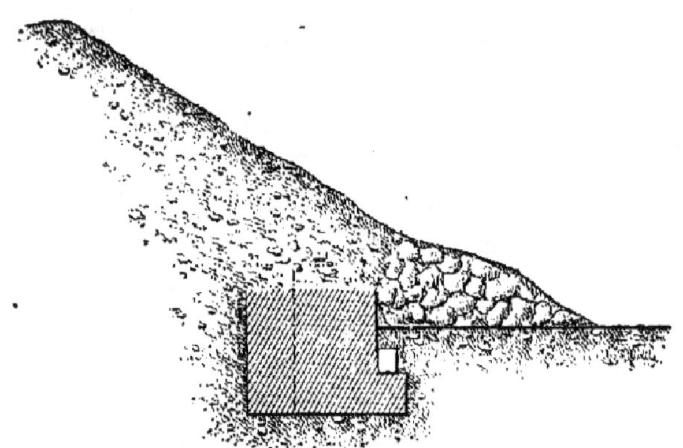

Figure 16.

« du fossé ; la brèche avait 20ᵐ00 de largeur ; l'escarpe
« avait 5ᵐ50 dans le bas avec une retraite à 3ᵐ50 au-
« dessous du sommet, où elle n'avait que 2ᵐ30 d'é-
« paisseur ; elle avait une galerie d'escarpe située au-
« dessous du niveau du fond du fossé, avec des ra-
« meaux amorcés pour arriver sous le fond du fossé.
« On profita de quatre de ces rameaux, on acheva de
« percer l'escarpe, et quand on fut sous le fond du
« fossé on se retourna parallèlement à la face du bas-
« tion, à droite et à gauche et sous la brèche même.
« On partagea la largeur du rameau par le milieu, au
« moyen d'une planche fixée sur le sol du rameau ; on
« bourra en terre un des côtés du rameau, et on mit
« la poudre dans l'autre côté, et la partie supérieure
« du rameau resta vide. Le volume du vide était 4 ou
« 5 fois plus grand que celui de la poudre.
    « Pour calculer la charge de ce fourneau on remar-
« qua qu'il s'agissait d'enlever le prisme de débris et
« de terre entre l'escarpe et le fond du fossé, et qu'il

« fallait projeter ces débris sur les batteries de l'ennemi.
« Le cube à déblayer était de 187 mètres, à 0 kil. 793
« par mètre ; il fallait 148 kil. 450 de poudre que l'on
« doubla en portant la charge à 300 kil.

« On bourra et on arc-bouta les rameaux perpendi-
« culaires ; tout le dispositif fut exécuté en 73 heures.
« Un cordeau porte-feu, dépouillé de son enveloppe sur
« 12 mètres de longueur, traversait la charge d'un
« bout à l'autre afin de mettre le feu sur tous les points
« en même temps.

« L'explosion produisit une immense gerbe équiva-
« lant à 300 fougasses-pierriers de 5^{m3} 000 chacune,
« qui couvrit de débris la batterie de brèche et le gla-
« cis, formant quatre rayons divergents, dégradant et
« remplissant les embrasures ; un bloc de maçonnerie
« entraîna hors de la plate-forme le flasque d'une
« pièce de la batterie, et l'enfonça en terre de 0^m50.

« Une zone de débris serrés s'étendit jusqu'à 70
« mètres de l'escarpe, de manière que tous les servants
« de la batterie, et tous les soldats réunis dans les
« tranchées adjacentes auraient été atteints. Une autre
« zone de débris plus clair-semés allait jusqu'à 110
« mètres. Enfin quelques-uns allaient jusqu'à 170 et
« 200 mètres.

« La brèche n'était plus praticable, le fossé avait
« été déblayé au niveau du sol du rameau.

« La galerie d'escarpe avait été fortement endom-
« magée ; la voûte s'était brisée, et le pied-droit du
« côté du fossé avait été refoulé de manière à ne
« laisser qu'une largeur de 0^m60 à la galerie, qui était
« du reste pleine de débris » (*Rapport de la Commission*).

§ 38. *Renversement d'une contrescarpe.*

Devant un fossé étroit et profond, le canon placé

dans une batterie de brèche ne voit pas l'escarpe assez bas pour ouvrir la brèche. Le mineur est alors chargé de jeter la contrescarpe dans le fossé. Cette opération ne peut se faire qu'en partant du couronnement du chemin couvert, et en allant au moyen d'un rameau établir un fourneau sous le terre-plein du chemin couvert. La construction d'un rameau descendant serait difficile si la pente était de plus du $\frac{1}{2}$; et avec une telle pente le rameau qui partirait du fond de la tranchée irait rencontrer la contrescarpe à environ 3^{m}00 seulement au-dessous du terre-plein. Quand on voudra arriver plus bas, il faudra donc creuser un puits dans le couronnement et faire partir le rameau du fond de ce puits. Il suffira, du reste, que le fourneau ne soit pas plus près du terre-plein que du parement extérieur de la contrescarpe, pour que celle-ci soit renversée.

§ 39. *Explosions dans l'eau.*

On peut avoir à faire des explosions dans l'eau : 1° pour faire sauter une travée de pont en bois ; 2° pour rompre des pilots ; 3° pour détruire le radier d'une écluse ; 4° pour écrêter une roche sous-marine qui gênerait la navigation ; 5° pour détruire une digue en fascinage destinée à servir de passage au travers d'un fossé plein d'eau ; 6° et enfin pour la destruction de navires dans une rade.

Une précaution importante, et qui est commune à toutes les explosions dans l'eau, c'est 1° d'employer des vases étanches, en métal ou en poterie vernissée ; 2° de bien luter l'entrée du vase ; 3° d'employer comme transmetteurs du feu, des fils électriques, ou bien encore le cordeau porte-feu ou le Bickford recouverts de caoutchouc ou de gutta-percha.

S'il ne s'agit que de faire sauter le tablier d'une travée de pont en bois, il suffit de placer au-dessous et au fond de l'eau un fourneau ordinaire.

Si on veut rompre des pilots, les résultats obtenus par le commandant Devèze pourront servir de terme de comparaison,

Pour des pilots de sapin, enfoncés en terre de 1^m70 et noyés sur une hauteur de 2^m50, dépassant le niveau de l'eau de 0^m80, les charges de poudre étant posées au fond de l'eau, en contact ou à distance, le commandant Devèze a trouvé une formule pour obtenir la charge capable de rompre ces pilots.

Soit L la distance du centre des poudres à la paroi du pilot; d le diamètre du pilot; C la charge cherchée.

$$C = 77.50\, d^2\, (1 + L + L^2 + L^3).$$

Si l'on avait à détruire le radier d'une écluse ou à écrêter une roche sous-marine, voir ci-après les résultats obtenus à Brest en 1858. Dans la rade de Brest, on a employé le scaphandre pour aller, sous 10^m00 d'eau, placer des charges de poudre sur des roches que l'on voulait écrêter, l'eau servant de bourrage. La poudre fut mise dans des caisses métalliques ou dans des vases en grès vernissé. La mise du feu se fit au moyen du Bickford recouvert de gutta-percha, que l'on préféra à l'électricité.

Sur 86 explosions, il n'y eut pas un seul raté, mais il y en aurait eu sans la précaution de mettre deux cordeaux à chaque fourneau.

Les charges étaient de 50 kil. et elles désagrégèrent en moyenne 5 mètres cubes de roche chacune.

Si l'on voulait rompre une digue en fascinage, faire une explosion au fond de l'eau et contre la digue, avec un fourneau surchargé de $N = 2,00$.

Et enfin si l'on se proposait de détruire un navire, ne compter sur un bon résultat qu'autant que la charge, (maintenue par un flotteur) serait appuyée contre la carène.

Exemple de 4 expériences faites par Fulton. Une torpille se composait de deux caisses étanches, remplies de poudre, ayant une densité un peu plus forte que celle de l'eau, et munies de flotteurs pour les empêcher de trop s'enfoncer; elles étaient réunies par une corde d'une longueur calculée. Pour placer une torpille contre le navire que l'on voulait détruire (ce qui ne pouvait se faire que de nuit), on employait deux embarcations sur lesquelles on mettait les deux caisses en question. On s'approchait du navire autant que possible, en se tenant en amont du courant (il fallait donc qu'il y eût du courant!); on mettait les caisses à l'eau, après avoir monté un mouvement d'horlogerie qui devait mettre le feu aux poudres dans un temps donné. Le courant poussait la torpille contre le navire; la corde étant arrêtée par la carène, les deux caisses se rabattaient contre celle-ci. Chaque caisse contenait 200 livres de poudre; elles étaient montées à 18 minutes.

La 1re et la 4e expérience réussirent fort bien : le brick fut partagé par le milieu, et bientôt il ne resta sur l'eau que quelques débris de planches.

La 2e expérience manqua par un raté.

La 3e fit explosion, mais trop loin du navire, qui n'éprouva aucun dommage.

§ 40. *Explosions dans la glace.*

Des motifs semblables à ceux qui ont fait entreprendre les expéditions de Pékin et de Mexico peuvent nous faire aller dans des régions circompolaires, où nous pourrons avoir à faire des explosions dans la glace. Les opérations de cette nature qui pourraient servir de terme de comparaison, sont fort rares, et c'est une raison de plus pour signaler celles qui sont connues.

Le célèbre Mac-Clure (commandant le navire anglais *l'Investigateur*), pendant les quelques années qu'il consacra à chercher un passage au nord de l'Amérique, dut, plus d'une fois, employer la poudre pour fractionner des montagnes de glace amenées vers lui par des courants, et sous lesquelles il craignit souvent de disparaître avec son navire : lequel navire finit, en fin de compte, par se perdre dans ces mers de glace. D'autres fois, le capitaine Mac-Clure employa la poudre pour se frayer un passage à travers des bancs de glace.

Une fois « un vase contenant 36 livres de poudre « (16 kil.) fut placé au centre d'une glace qui mesurait « onze pieds d'épaisseur (3^{m}35) et 400 pas de dia- « mètre ; l'explosion fendit cette glace dans toutes les « directions, de telle sorte que le navire put facilement « passer au travers des fragments désunis.

§ 41. *Destruction d'un pont en présence de l'ennemi.*

Le 13 juillet 1857, le ministre de la guerre adressait aux directeurs des fortifications une instruction sur la manière d'organiser les dispositifs de mines permanents à établir pour rompre les ponts, interrompre les chaussées ou intercepter les tunnels.

Partout où de pareils dispositifs seraient établis, la rupture d'un pont ne présenterait aucune difficulté, attendu que les chambres aux poudres seraient préparées d'avance et les charges indiquées à l'entrée. Mais nous supposons ici qu'il s'agit de rompre un pont qui ne présente aucun vide dans son intérieur. En pareille circonstance on est ordinairement fort pressé, il faut opérer le plus vite possible et pourtant ne pas manquer d'atteindre le but.

Ces opérations donnent souvent lieu à de graves mécomptes, parce que l'on se contente ordinairement de rompre une seule arche, qui est bientôt rétablie par l'ennemi.

Quel est en effet le corps d'armée (encouragé par la marche rétrograde de ses adversaires) qui s'arrêtera devant une arche de pont rompue ? N'a-t-on pas toujours sous la main quelques corps d'arbres pour les jeter sur deux supports de même niveau, et rarement distants de plus de dix mètres ?

Lorsqu'on prend la résolution de détruire un pont pour arrêter ou ralentir la marche de l'ennemi, il faut donc faire sauter deux arches, et du même coup écrêter fortement la pile qui leur est commune. Le meilleur moyen est de se mettre au-dessus de cette pile, d'ouvrir une tranchée sur toute la largeur du pont jusqu'au niveau de la naissance des voûtes ; considérer chaque mètre courant de cette tranchée comme un fourneau isolé ; en calculer la charge comme si c'était un fourneau ordinaire, en supposant que $g = 4,00$; doubler la quantité de poudre ainsi obtenue, et réunir toutes ces charges partielles en une charge unique établie sur toute la longueur de la tranchée ; disposer la mise du feu sur deux points au moins ; remettre les décombres par-dessus, et faire jouer. Bien que les têtes de voûte présentent en apparence plus de résistance que les autres parties à cause de leur appareil, et que les entonnoirs des fourneaux partiels se recroisent au milieu et non aux extrémités, ne pas s'inquiéter du résultat, l'absence de résistance sur le prolongement de ce fourneau allongé fera largement compensation.

Si l'on était tellement pressé qu'on n'eût pas le temps de donner à la tranchée la profondeur voulue, calculer la charge comme si cette profondeur était obtenue, la doubler de nouveau, la couvrir avec ce qu'on aurait sous la main, et de préférence avec des objets lourds et à grande surface, tels que des madriers, des coffres de voiture, etc., et faire jouer.

§ 42. *Destruction d'un dispositif de mines en évacuant une place.*

S'il est question de détruire des galeries maçonnées, percer les pieds-droits à égale distance des paliers; mettre des fourneaux de 20 kil. dans chacun de ces rameaux, bourrer et faire jouer en rétrogradant.

Si on veut détruire des galeries en bois, enduire les châssis du fond avec du goudron, mettre quelques broussailles contre les châssis goudronnés et allumer ces broussailles. Ne pas se mettre en peine du courant d'air qui est nécessaire : ce courant s'établira de lui-même, et 24 heures après il ne restera plus rien du coffrage.

§ 43. *Bris de portes, fraises et palissades.*

Pour briser la porte d'une place de guerre au moyen d'un pétard à vis, fixer le pétard au milieu de l'un des vantaux et à égale distance des pentures. Si l'on n'a point de pétards, mettre sur le sol et contre la porte, 30 kil. de poudre et les couvrir de quelques sacs à terre; s'il y a du vide sous la porte, relever le fourneau au moyen de quelques sacs à terre et opérer ensuite comme ci-dessus.

Pour briser des fraises, mettre 15 kil. de poudre dans une gaîne en bois d'environ 1^{m}00 de longueur; soulever cette gaîne sous et contre les fraises, la soutenir au moyen de deux perches ou deux fascines, et faire jouer.

Pour briser des palissades plantées au pied d'un talus, boucher si c'est possible les joints des palissades situés en face des fourneaux, au moyen de fascines debout; mettre 15 kil. de poudre derrière et faire jouer. Si l'on ne peut pas boucher les joints, mettre 30 kil. au lieu de 15.

§ 44. *Projet d'un dispositif de mines défensives.*

Jusqu'à ce jour tous les dispositifs de mines ont été établis en vue de faire sauter les sapes de l'assiégeant. Et pourtant tout le monde reconnaît que jamais l'assiégeant n'a montré une pareille témérité. Un principe que personne ne conteste, c'est que celui des deux combattants qui peut se placer le plus bas a l'avantage sur son adversaire. Les fourneaux de la défense ne sont donc pas destinés à agir de bas en haut, mais bien horizontalement ou à peu près, quand le moment opportun est arrivé.

Les rameaux grimpants sont une inconséquence, comme nous l'avons déjà dit (§ 28), puisqu'en principe on doit se placer en bas, et qu'en réalité on se place en haut ! Des contre-puits et des camouflets contre-puits doivent défendre la surface du glacis et obliger l'assiégeant à passer par les lenteurs d'une guerre souterraine. Et dès lors les fourneaux destinés à combattre le mineur assiégeant doivent être placés aussi bas que possible.

Cette digression terminée, passons à l'énumération des conditions principales auxquelles doit satisfaire un bon dispositif de mines pour la défense d'une demi-lune.

1° Il doit être simple et n'exiger du mineur qu'une intelligence et une habileté ordinaires ;

2° Il ne doit avoir qu'un seul étage de galeries, enfoncées autant que le terrain fouillable le permet. Mais s'il y avait au-dessous des galeries une nappe d'eau, il faudrait tenir le sol des écoutes à un mètre au moins au-dessus de cette nappe, autrement les galeries risqueraient d'être noyées par la pression que les grosses explosions de l'attaque exerceraient sur ces eaux.

3° Il doit être pourvu de deux étages de fourneaux : les uns (contre-puits) rapprochés du sol et destinés à faire sauter les sapes de l'assiégeant ; les autres, à la même profondeur que les écoutes, et destinés à contrarier la marche souterraine de l'assiégeant.

4° Toutes les écoutes doivent aboutir directement à une galerie principale, assez vaste pour servir de dépôt aux outils, aux bois, aux sacs à terre, etc. On arrive à cette galerie principale par des entrées pratiquées vers l'arrondissement de la contrescarpe, et ces entrées doivent être vues des bastions collatéraux et fermées avec des portes crénelées.

5° Pour la rapidité du service et pour la facilité de la ventilation, les écoutes doivent avoir d'assez grandes dimensions : 1^m00 de large sur 2^m00 de hauteur; cette dernière dimension peut être réduite à 1^m50 du côté de la campagne.

6° Une écoute ne doit pas servir de passage pour aller à une autre écoute, et c'est dans ce but que toutes doivent aboutir directement à une galerie principale. Par la disposition contraire elles seraient bientôt encombrées de travailleurs et de matériaux; et ce que la ventilation naturelle y gagnerait ne compenserait pas ce qu'on y perdrait pour la ventilation artificielle, et l'unité d'action serait compromise.

7° Les ventilateurs doivent être placés dans des locaux où l'on puisse arriver directement sans passer par les écoutes ni par la galerie principale, afin que l'air vicié qui est refoulé dehors ne puisse pas y pénétrer pour être aspiré et renvoyé d'où il est sorti.

8° Les écoutes doivent avoir leurs flancs garantis contre les explosions de l'attaque.

9° On doit pouvoir facilement établir des fourneaux pour briser l'écoute au besoin.

10° S'il y a dans les environs un lac ou un cours d'eau que l'assiégeant puisse diriger dans les écoutes, donner à celles-ci de la pente vers le fossé, afin que les mines ne risquent pas d'être noyées comme celles de Turin en 1706.

11° Il faut que la défense puisse faire sauter un point quelconque du glacis sans faire le sacrifice de ses galeries.

12° Les fourneaux de l'étage supérieur doivent être indépendants les uns des autres, afin que l'on puisse en faire jouer un quelconque sans compromettre ceux qui sont en avant ou en arrière, et ceux de l'étage inférieur doivent être à l'abri des explosions de l'étage supérieur.

13° Le système doit être établi de telle sorte que si l'ennemi venait à s'en emparer par ruse ou par trahison, cette perte ne pût avoir pour la place d'autres conséquences que la perte même du dispositif.

14° La galerie principale doit être assez éloignée des parties de la contrescarpe qui ne sont pas vues par les bastions collatéraux, afin que si l'ennemi s'en empare, il ne puisse pas facilement y pratiquer des créneaux pour battre le fossé.

15° Il ne faut pas que la galerie principale puisse faciliter à l'assiégeant la construction de ses descentes de fossé, et qu'au contraire elle offre les moyens de les empêcher ou au moins de les retarder.

16° Enfin la défense doit pouvoir faire usage de la tarière, qui est susceptible de rendre de bons services.

Description du dispositif. Six appareils de galeries, indépendants les uns des autres, sont affectés à la défense de la demi-lune : un appareil sous le glacis, un

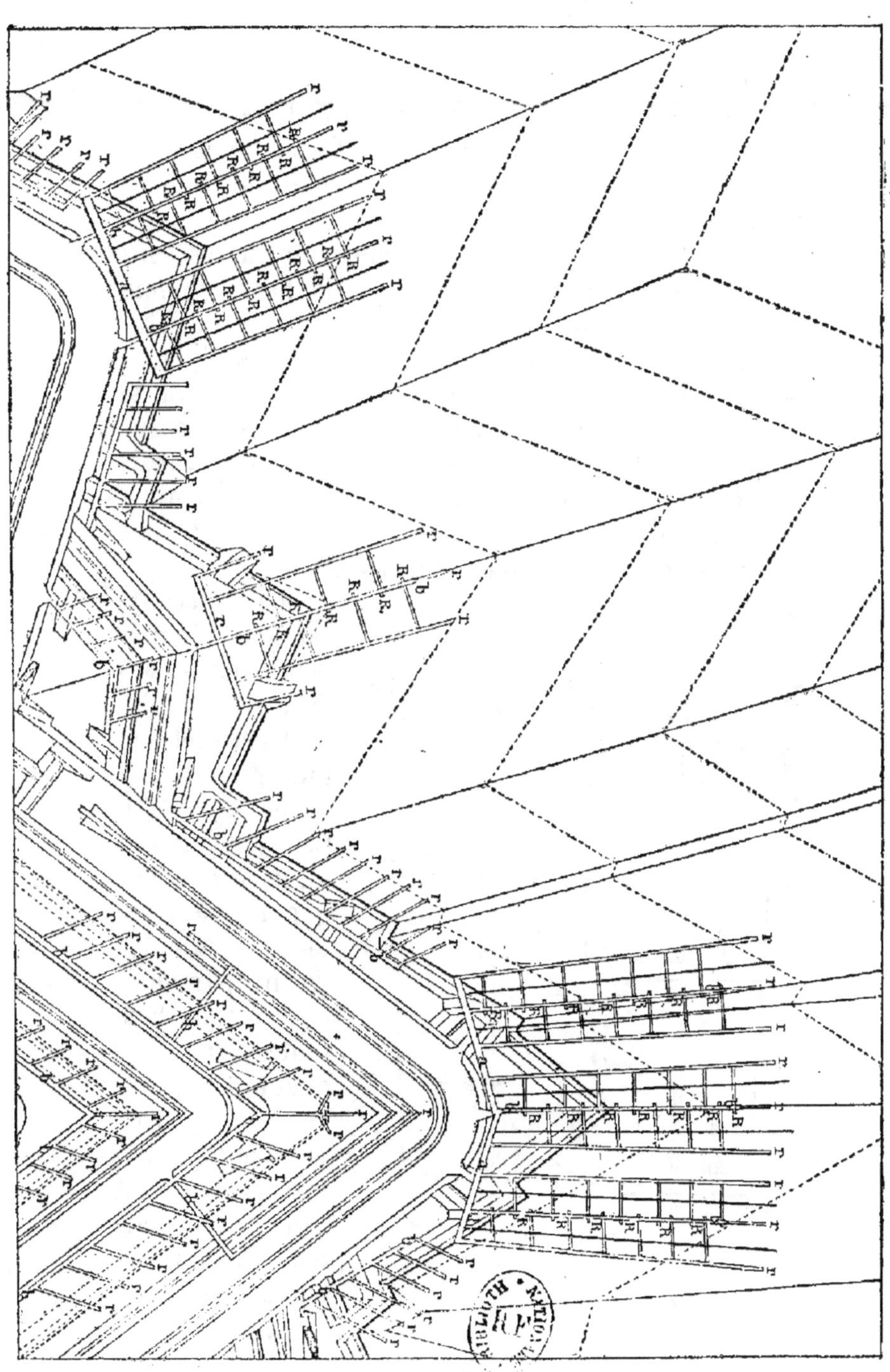

Figure 17.

sous chaque branche du chemin couvert, un sous le fond du fossé pour déblayer le pied de la brèche, un sous le terre-plein de la demi-lune, et enfin un sous le terre-plein de son réduit.

Les bastions et les places d'armes rentrantes sont également pourvus de dispositifs particuliers, comme on le voit à la figure 17.

L'appareil établi sous le glacis de la demi-lune se compose d'une galerie de contrescarpe (ou galerie majeure) où l'on arrive par trois entrées vues du corps de place. De la galerie de contrescarpe partent trois écoutes espacées d'axe en axe , de 24^{m}50 vers l'emplacement des cavaliers de tranchée, et de 22^{m}50 à leur rencontre avec la galerie de contrescarpe.

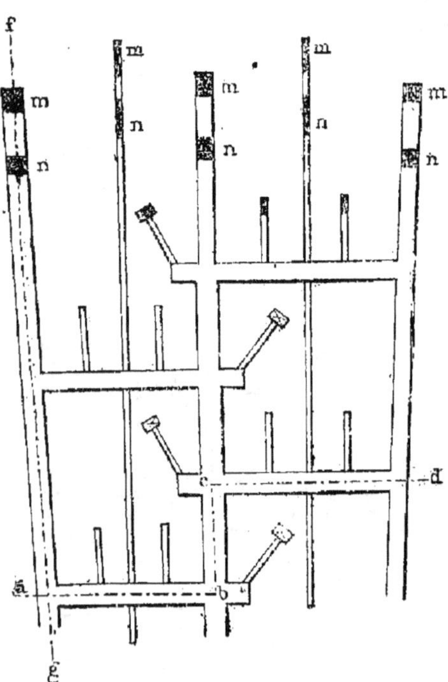

Figure 18.

Chaque écoute est flanquée par deux petits rameaux qui lui sont parallèles et qui en sont éloignées de 8^{m}00. Ces rameaux ont la même longueur que l'écoute ; si les mineurs devaient parcourir ces rameaux dans toute leur longueur pour arriver à leur extrémité antérieure, le service serait fort pénible; mais pour se rendre en tête des rameaux on passe d'abord par l'écoute et ensuite par une des communications en grand rameau qui lui sont perpendiculaires. Ces communications sont prolongées au delà de l'écoute sur une longueur de 1^{m}00, et forment ainsi des retraites où arrivent les gaînes des contre-puits. D'un point quelconque de ces communications on peut pratiquer un camouflet contre-puits que l'on incline vers la campagne. Ces contre-puits et camouflets contre-puits constituent l'étage supérieur de fourneaux destinés à faire sauter toute sape que l'assaillant tenterait de diriger sur le glacis. L'étage inférieur se compose des fourneaux que l'on établit en tête des petits rameaux, et d'autres fourneaux moins considérables que l'on met à l'extrémité des forages pratiqués entre l'écoute et ses deux petits rameaux. Quand les communications deviennent inutiles, on y place des fourneaux de circonstance.

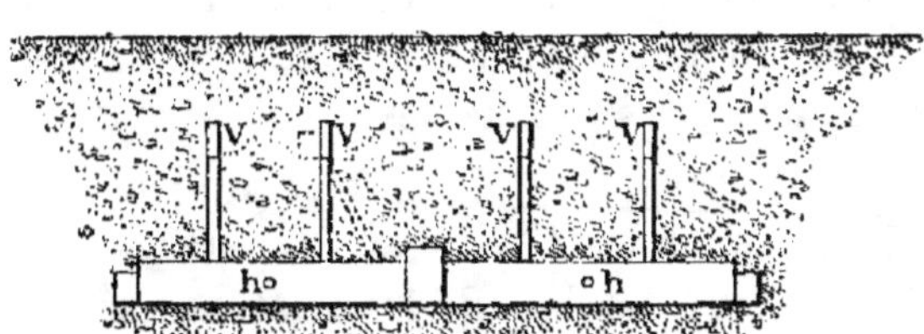

Coupe suivant *a b c d* (figure 18).

Enfin les écoutes elles-mêmes, ayant leur partie antérieure munie du rameau de combat, se défendent au

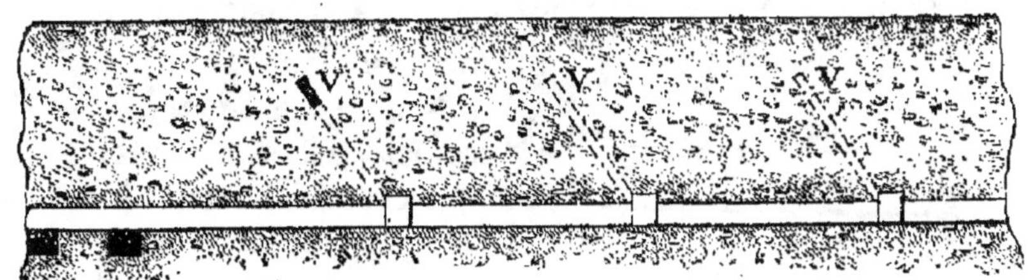

Coupe suivant *f g* (figure 18).

moyen de fourneaux placés dans les retraites dont le rôle actif est épuisé.

§ 45. *Gaine Laloy.*

Avant l'invention de la poudre, quand l'assiégeant voulait aller creuser une mine sous les fondations de l'enceinte, sans passer par les lenteurs d'une galerie souterraine, il mettait pendant la nuit une galerie en bois en travers du fossé pour se garantir contre les flèches de la défense. On donnait à cette galerie, qui avait la forme d'un berceau, le nom de *vigne*. Le commandant Laloy emploie un procédé semblable pour traverser les entonnoirs produits par ses globes. Dès qu'il peut pénétrer dans l'entonnoir, il en nettoie vite le fond, met son rameau en place, le couvre de terre pour le garantir contre la chute des projectiles et les blocs de terre que les explosions de la défense pourraient faire rouler dessus. Ce commencement de rameau est ensuite continué par les procédés ordinaires.

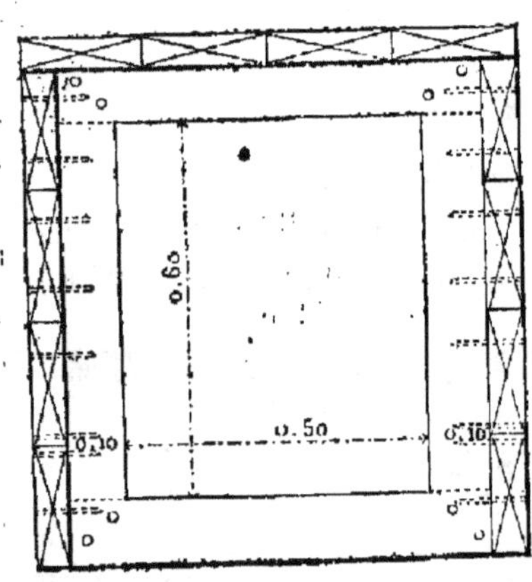

Figure 19.

Le rameau Laloy se met en place tout monté; les quatre pièces de chaque châssis sont assemblées et chevillées d'avance; des madriers cloués sur les côtés en forment le coffrage; il ne reste que le ciel à poser dessus, quand le rameau est en place, ce qui est bientôt fait. Le rameau tout entier ne serait pas facilement transportable : aussi le divise-t-on en éléments de 1ᵐ50 de longueur ; chaque élément se compose de trois châssis espacés de 0ᵐ75.

Ce procédé, connu sous le nom de *gaîne Laloy*, est certainement le progrès le plus sérieux que l'attaque ait réalisé depuis Bélidor.

Le mode d'attaque avec des globes successifs, proposé par le commandant Challaye en 1839, avait paru discutable ; mais dès que la gaîne Laloy est venue s'y ajouter, la discussion a cessé ; et il est possible que ce procédé soit à la veille de s'améliorer encore par l'emploi des forages à grand diamètre que l'on pourra peut-être y ajouter (voir § 33). On comprend en effet que les montants extrêmes d'une gaîne seraient des supports naturels faciles à utiliser pour diriger la tarière, au moyen de clameaux en fer, comme l'indique la figure 20.

Un forage à grand diamètre serait alors substitué au rameau que l'on pratique sur le prolongement de la gaîne Laloy. Sans être coffrés, les forages à grand diamètre ont une solidité qui étonne ceux qui les voient pour la première

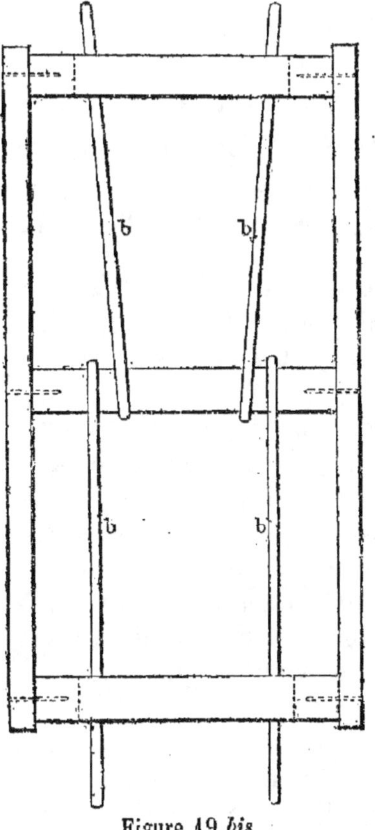

Figure 19 *bis*.

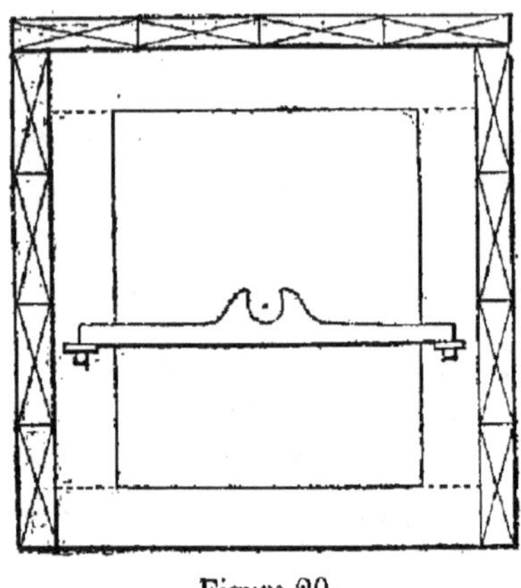

Figure 20.

fois. Mais si un coffrage devenait nécessaire, il serait assez facile de l'imaginer : des cercles en fer tiendraient lieu de châssis, et des douves en tôle de 0^{m}10 de largeur remplaceraient les planches du coffrage.

§ 46. *Attaque d'un glacis miné.*

L'attaque d'un glacis miné est l'opération la plus laborieuse d'un siége, soit par l'effet moral que les mines produisent sur l'imagination, ou par le danger réel qui peut en résulter.

Avant d'arriver à la troisième parallèle, l'assiégeant doit faire tout son possible pour se renseigner sur la position et l'étendue des mines de la défense.

Il y a quelques places, telles que Verdun et Longwy, où les galeries sont établies dans le roc et les fourneaux au-dessus et sous une couche de terre. Une attaque par les mines devient difficile et presque impossible en pareille circonstance, car on recevrait des coups sans pouvoir en donner. Mais partout où les mines de la défense sont établies dans un terrain fouillable, l'assaillant doit pouvoir s'en rendre maître, car il peut faire usage de moyens violents que la défense ne peut pas employer.

L'attaque par globes successifs, au moyen de la gaine Laloy, paraît être, de tous les procédés connus, celui qui doit avoir le plus de succès dans un siége réel.

Mais comment doit-on aborder un glacis miné ? Comment faut-il entamer la guerre souterraine ? Où et comment peut-on établir les communications pour arriver aux entonnoirs ? Où faut-il placer les ventilateurs pour les abriter contre les feux courbes de la place ? Ces questions sont trop importantes pour être résolues par des généralités.

L'assiégeant doit-il attaquer de front tout le dispositif de la défense ? Ou bien doit-il le traverser par le milieu ? Doit-il diriger ses lignes d'opérations parallèlement aux écoutes, ou bien prendre celle-ci en travers par une marche en zig-zag ?

Abordage du glacis. Si l'assiégeant est informé que les mines de la défense étendent leurs fourneaux jusqu'à 40^{m}00 du chemin couvert, il établira sa troisième parallèle à 70^{m}00 de la palissade, et par conséquent à 30^{m}00 des premiers fourneaux de la défense ; cette distance est nécessaire pour que la commotion des premiers globes ne renverse pas la gabionnade de la troisième parallèle ; et même à cette distance, la gabionnade risquerait d'être renversée, si l'on n'avait pas la précaution de la soutenir, sur plusieurs points, par des gradins de franchissement. La dernière parallèle devant servir de base d'opérations pendant toute la durée de la guerre souterraine, il faut absolument que la circulation y soit assurée pendant tout le reste du siége.

Dès que la troisième parallèle aura la moitié de sa largeur (elle doit avoir 4^{m}00), on entreprendra la galerie *c* (*figure* 21) ayant son point de départ à 1^{m}50 au-dessous du sol, et une pente plongeante au $\frac{1}{4}$. On pourra, au besoin, exécuter les premiers intervalles de cette galerie à ciel ouvert et pendant la nuit ; quand elle aura assez de profondeur pour que son ciel se trouve à 2^{m}00 au-dessous du sol, on cessera de descendre et on marchera parallèlement à la surface du glacis. Cette galerie est principalement destinée à servir de communication pour arriver dans les entonnoirs ; car il ne faut pas perdre de vue que les globes successifs ne produisent pas une tranchée continue, comme l'avait supposé le commandant Challaye, qui est l'auteur de ce mode d'attaque. Il résulte de ces explosions successives, des entonnoirs successifs. Si les premiers entonnoirs sont agrandis en avant par les explosions suivantes, ils sont en même temps remblayés en arrière.

La troisième parallèle étant terminée, on entreprendra à la sape volante, et pendant la nuit, la portion circulaire (*a a*), que l'on fera passer, autant que possible, au-dessus des premiers fourneaux de la défense. Quand la portion circulaire sera à profondeur, on fera rentrer les travailleurs dans la troisième parallèle, pour les soustraire aux explosions que la défense ne manquera pas de faire dès qu'elle pourra relever la position de cette gabionnade.

Les explosions de la défense ayant bouleversé la partie antérieure de la portion circulaire, on la rétablira en arrière suivant la ligne droite *b b* (*fig.* 21);

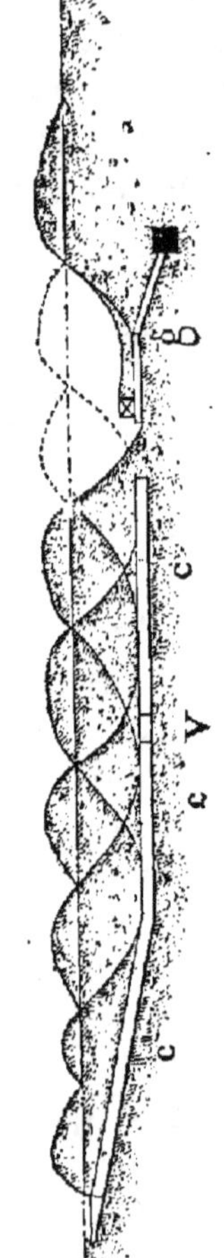

Coupe suivant *m n*.
Figure 21.

on entreprendra trois puits dans le fond de cette nouvelle tranchée : un en capitale du glacis et les deux autres à 20ᵐ00 de chaque côté. Ces trois puits seront poussés jusqu'à 7 ou 8 mètres de profondeur, chargés de 1,500 kil. de poudre et bourrés à la hâte. Ces trois globes devront jouer simultanément et produire un entonnoir allongé d'environ 60ᵐ00 qui sera le point de départ de la guerre souterraine.

Il est presque indispensable que les trois globes marchant de front jouent simultanément. Dans le cas contraire, une explosion rendrait souvent la voisine impossible. Il est indispensable encore que chaque globe reçoive le feu sur deux points. Il faudra donc que six transmetteurs soint allumés en même temps! Cette opération serait délicate si l'on voulait allumer six cordeaux porte-feu avec un seul Bickford; elle le serait moins en faisant arriver les six cordeaux dans une boîte de Boule; mais il vaut mieux employer six boîtes de Boule et tirer les six ficelles à la fois, ou mieux encore, employer l'électricité.

Quoi qu'il en soit pour la mise du feu, les premiers entonnoirs étant produits, on y pénétrera le plus vite possible en passant par les extrémités de la portion circulaire qui seront obstruées mais que l'on ouvrira.

La galerie *cc* qui aura été arrêtée à 7 ou 8 mètres du globe central, et arc-boutée avec des pièces en écharpe, n'aura pas beaucoup souffert; on la réparera au besoin et on la continuera jusque dans l'entonnoir. On placera dans celui-ci trois gaînes Laloy à 20ᵐ00 les unes des autres et dirigées sur la place par *le chemin le plus court*, c'est-à-dire parallèlement aux écoutes de la défense.

Sur un des flancs de la galerie *cc*, et à sa rencontre avec l'entonnoir, on établira à ciel ouvert une retraite *v* destinée à recevoir un ventilateur. Cette retraite sera aussitôt recouverte de fascines et de terre.

Les gaînes Laloy seront prolongées en rameau de combat jusque sous le bord antérieur de l'entonnoir; on établira là trois nouveaux globes que l'on fera jouer comme les trois premiers, etc.

Après chaque explosion il faudra dégorger l'extrémité de la galerie *c*, ce qui ne demandera que quelques minutes. Cette galerie sera faite sans beaucoup de son; elle pourrai avoir une direction tourmentée

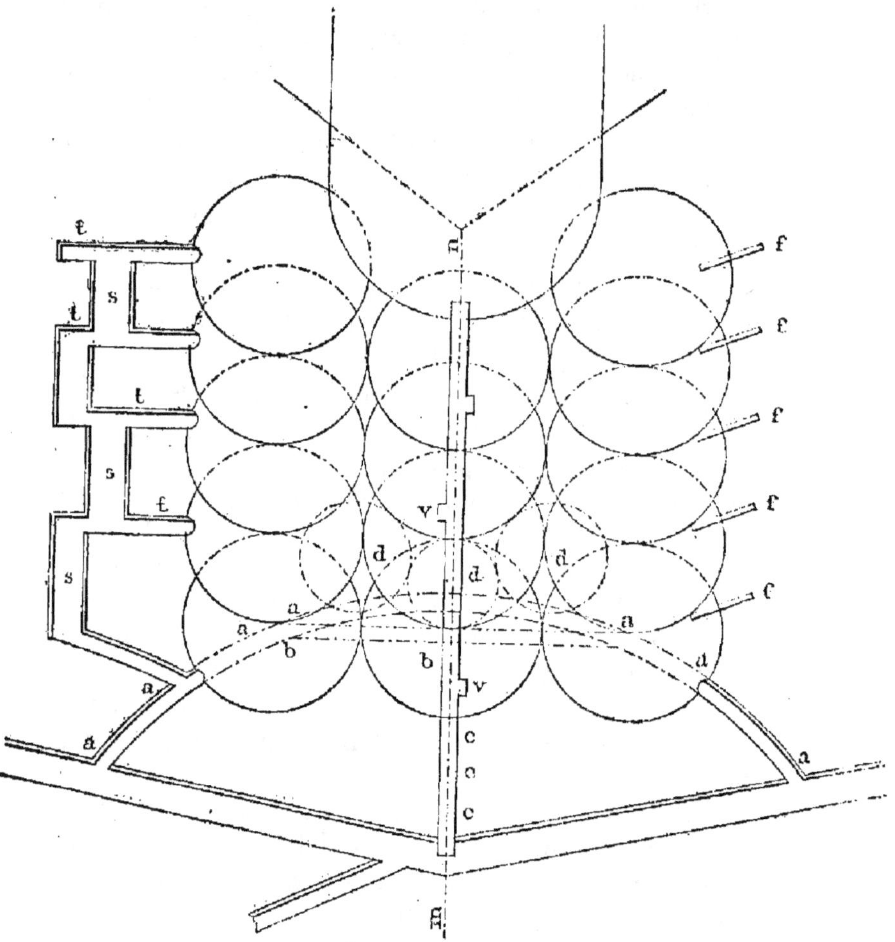

Figure 24.

et une pente irrégulière, sans qu'il en résulte le moindre inconvénient.

Si l'on a la conviction que toutes les écoutes de la

défense sont embrassées par les globes de l'attaque, on flanquera les entonnoirs, à droite et à gauche, par des traverses (*t t*) destinées à servir de communications pour arriver aux entonnoirs, et à repousser les sorties de la défense. Les sapes doubles (*s s*) relieront les traverses entre elles.

Si l'on est convaincu, au contraire, que le dispositif de la défense n'est pas détruit dans toute sa largeur, on renoncera aux traverses (*tt*) et on pratiquera des forages (*ff*) destinés à protéger les flancs des entonnoirs contre les mouvements tournants que la défense pourrait entreprendre.

La galerie C de l'attaque s'allongera au fur et à mesure que les écoutes de la défense diminueront de longueur ; et il ne faut pas craindre que l'étendue de cette galerie devienne gênante : dans un siége, les abris ne sont jamais trop nombreux. Cette galerie offre plusieurs avantages :

1º Communication permanente à l'abri des explosions et des sorties de la défense ;

2º Blindages pour les ventilateurs ;

3º Abri pour les mineurs pendant les explosions des globes ;

4º Logement pour quelques hommes armés, destinés à protéger les mineurs qui sont dans les rameaux contre les petites sorties que la défense pourrait tenter.

Observation importante.—Ne pas oublier, en commençant, que, pendant la guerre souterraine, il y aura quelque danger à se trouver dans les tranchées situées directement en arrière des explosions. Il serait donc prudent d'interdire ces tranchées et de les remplacer (entre la 2ᵉ et la 3ᵉ parallèle) par des communications latérales.

§ 47. *Attaque à la Gillot.*

En principe, une attaque à la Gillot n'est pas admissible; mais les règles générales ont leurs exceptions. On peut prévoir certains cas où ce procédé aurait quelque chance de succès.

Supposons qu'une armée attaque successivement plusieurs places minées par les procédés ordinaires et que tout à coup, dans un nouveau siége, elle emploie la méthode Gillot. Les défenseurs pourront fort bien être surpris et n'avoir rien à opposer à une pareille attaque qui peut réussir en quelques heures!

Dans le cas où on voudrait faire usage de cet audacieux procédé, essayons d'indiquer le moyen le plus simple et le moins hasardé pour en faire l'application. Les gabions farcis, proposés en 1824 par le commandant Lebéchu, peuvent être considérés comme le complément de la méthode en question. Ces gabions farcis, roulés sur le glacis pendant une nuit obscure et juxtaposés, formeront immédiatement une masse couvrante derrière laquelle on pourra entreprendre la fouille des puits sans ouvrir la tranchée. Les puits seront à la distance de $8^m,00$ les uns des autres; si on en ouvre 7, on embrassera une largeur de glacis d'environ 56 mètres, ce qui demandera 25 gabions farcis et 100 hommes pour les amener : 4 hommes par gabion. Il faudra ensuite 21 mineurs pour creuser les sept puits. Un puits sans coffrage, un simple trou de $3^m,00$ de profondeur peut être creusé en trois heures; ajoutons une demi-heure pour mettre les poudres en place (20 sacs de 10 kil.), pour combler les puits et faire rouler les gabions farcis au-dessus pour augmenter le bourrage; ajoutons encore une demi-heure qu'il aura fallu pour amener les gabions de la parallèle, tout cela ne fait que quatre heures. Une pareille rapidité fait naturellement penser que, fort heureusement pour les places assiégées, un tel procédé ne sera pas souvent mis en usage. Le point délicat de cette opération est la simultanéité des explosions, condition indispensable pour le succès de l'opération. Il faudra se contenter d'allumer chaque fourneau en un seul point, et nous conseillerons d'employer l'électricité de préférence à tout autre mode d'inflammation, mais à la condition que les deux conducteurs de chaque fourneau seront réunis en un seul câble, autrement il y aurait une confusion inévitable.

Une attaque à la Gillot doit se faire près du chemin couvert, afin de briser les écoutes aussi près que possible de leur origine; mais pas assez près, toutefois, pour que du chemin couvert on puisse déranger les gabions farcis avec de longs crochets.

§ 48. *Défense d'un glacis par les mines.*

Nous donnerons aux mineurs de la défense le conseil de se souvenir des observations suivantes :

1° En comblant les puits de construction tripler le ciel qui doit supporter le remblai ;

2° Doubler les châssis des écoutes en réduisant les intervalles à $0^m,50$; étançonner les châssis horizontalement les uns contre les autres ;

3° Mettre le rameau de combat entre les deux paliers les plus avancés vers la campagne ;

4° S'assurer que partout où on devra pratiquer des forages les coffrages soient percés d'avance ;

5° S'assurer qu'il y a dans chaque écoute deux machines à camouflets et exercer quelques hommes à la manœuvre de ces machines ;

6° Avoir des cylindres creux destinés à mouler de la terre pour bourrer les forages ;

7° Avoir dans chaque écoute un baquet plein d'eau de chaux et des masques en éponge ;

8° Se souvenir que si le bourrage en sacs à terre a l'avantage de se faire vite, il a l'inconvénient d'être impossible à débourrer quand il a été comprimé par les explosions;

9° Ne pas mettre de masques dans les bourrages où on voudra pratiquer des retours offensifs;

10° Employer des ventilateurs soufflants et non aspirants;

11° Avoir un bon approvisionnement de pièces de bois pour étançonner;

12° Si on allume le cordeau porte-feu avec du bickford, charger un homme spécial de bien les marier ensemble pour éviter les ratés;

13° Éviter d'employer de la poudre de mine, qui produit beaucoup de fumée;

14° Si les chambres de mine sont humides, y mettre une couche de sciure de bois;

15° Recommander aux chefs d'attaque de bien écouter, et si le mineur de l'attaque suspend son travail, d'en rendre compte immédiatement;

16° Avoir sur les points élevés de la fortification des observateurs chargés de voir ce qui se passe dans les entonnoirs et de prévenir par des coups de sifflet de convention si l'ennemi charge ou si la fumée s'élève au-dessus des entonnoirs, ce qui indiquerait qu'un fourneau va faire explosion;

17° Confier à un dessinateur habile le soin de relever la position des entonnoirs de l'attaque et de les rapporter sur le plan directeur.

§ 49. *Dispositif de fougasses à établir sur un glacis dépourvu de mines.*

Si une place dépourvue de mines est brusquement assiégée, les officiers du génie auront encore le temps, pendant l'investissement, de préparer pendant la nuit et à ciel ouvert des fourneaux sous le passage présumé de l'attaque. On place ordinairement ces fourneaux dans des trous creusés à la hâte, auxquels on donne 3 mètres de profondeur pour une charge de 60 kil. de poudre ; la charge est mise dans des vases vernissés, ou bien suiffés. Celui des vases qui reçoit le transmetteur du feu est fermé avec plus de soin encore que les autres. Une rigole de $0^m,45$ sur $1^m,00$ reçoit les cordeaux porte-feu ou les câbles électriques qui viennent aboutir dans le chemin couvert ou dans le fossé.

Il est convenable de grouper les fougasses par quatre et de disposer les groupes de la manière suivante : Un groupe à la rencontre de la troisième parallèle et de la capitale du glacis ; un autre sous l'emplacement de chaque cavalier de tranchée ; et enfin, deux lignes de fougasses parallèles au chemin couvert ; une de ces lignes à $8^m,00$ de la crête et l'autre à $5^m,00$ seulement, et les fourneaux de ces deux lignes disposés en quinconce. Ces fournaux doivent être un peu surchargés, afin que les premières explosions inspirent de la crainte aux assaillants.

§ 50. *Attaque d'un glacis défendu par des fougasses.*

Si l'assiégeant est informé que les saillants attaqués sont défendus par des fougasses, il n'en sera pas moins préoccupé que s'ils étaient minés. Et pourtant, il se décidera difficilement à passer par toutes les lenteurs d'une guerre souterraine pour avoir raison de ces fourneaux superficiels. D'un autre côté, les premières explosions pourront inspirer des craintes exagérées et faire croire qu'on a été mal renseigné.

Si on est en présence d'ouvrages dont la gorge est inabordable, une attaque à la Gillot pourrait alors être tentée, parce que les transmetteurs étant forcément rassemblés vers le saillant du glacis, il suffirait de quelques explosions pour les détruire tous du même coup.

§ 51. *Guerre de maisons, dernière période d'un siége.*
Attaque.

Les premières maisons à enlever devront être ouvertes par le canon ou par la mine, à moins que la disposition des localités ne permette d'y pénétrer autrement. On partira de ces maisons pour s'emparer des suivantes, qui présenteront moins de difficultés; et on avancera ainsi jusqu'aux barricades que l'ennemi pourrait avoir établies dans les rues, et qui, à cause de leur profil ou d'une défense énergique, ne devraient pas être attaquées de front.

Les troupes, arrivées à hauteur de ces barricades, jetteront sur les défenseurs des grenades et autres projectiles pour les obliger à se retirer. Le plus souvent on ouvrira des communications à travers les maisons au moyen de la pioche; d'autres fois on sera obligé d'employer la mine. Dans tous les cas, ces communications devront être faites de manière à ne pas altérer la solidité des bâtiments qui devront plus tard être occupés par l'attaque.

On fera suivre des échelles pour le cas où on rencontrerait des planchers ou des sols à des niveaux différents.

Dès qu'une maison sera acquise, la retrancher, la créneler, et ouvrir de larges communications à travers les murs de refend, afin de pouvoir circuler le long des murs de face; relier ces maisons à celles déjà occupées, et barricader les fenêtres basses donnant sur les rues; boucher les portes et fenêtres vues par l'ennemi avec des sacs à terre, des matelas, etc. Profiter des dispositions des lieux qui permettent d'obtenir des feux de mâchicoulis ; observer en perçant des créneaux de les ouvrir assez haut, au-dessus du sol extérieur, pour que l'ennemi ne puisse pas les emboucher. Une maison ainsi organisée devient une place d'armes servant de point d'appui pour se porter plus loin.

Les îles de maisons seront reliées par des traverses établies dans les rues ; les parapets de ces traverses seront faits avec tout ce qui se rencontrera sur les lieux.

Occuper en force les toits, dont l'ennemi pourrait profiter pour nous tourner; placer dans les greniers de bons tireurs en embuscade pour arrêter tout individu qui se montrerait à découvert.

Empêcher les hommes d'être victimes de leur curiosité en se mettant aux fenêtres.

Si l'ennemi occupe les créneaux et qu'il laisse dépasser ses armes, faire glisser quelques hommes sur le côté, munis de barres en fer, pour frapper sur ces armes et les mettre hors de service, et occuper aussitôt ces créneaux. Si on ne peut pas avancer ainsi, employer la mine.

Attaquer simultanément tous les étages, afin de ne pas être exposé à la fusillade d'en haut, et aux grenades que l'ennemi pourrait jeter par les tuyaux de cheminée. Essayer soi-même d'avancer plutôt par le haut que par le bas, afin d'avoir sur l'ennemi ces mêmes avantages.

Lorsqu'il y a lieu de traverser des rues enfilées par l'ennemi, se couvrir par des traverses faites avec des matelas ou toute autre chose.

Enfin, attirer l'attention de l'ennemi sur un point, lorsqu'on veut le tourner sur un autre.

Défense. Lorsque des raisons politiques ou militaires commandent à une place de se défendre jusqu'à la dernière extrémité, le devoir de l'autorité est d'indiquer, pendant que l'assaillant est encore sur les glacis ou

dans les fossés, quelles coupures il convient de faire
en travers du rempart ; quelles sont les rues qu'il convient de barricader ; afin de ralentir par tous les moyens
possibles la marche de l'assiégeant.

Les coupures faites dans le rempart des courtines
seront prolongées en travers de la rue militaire par
des épaulements ; et ces coupures devront être flan-
quées par les fenêtres des maisons voisines.

Du côté attaqué, toutes les rues de la ville seront
barricadées à leur rencontre avec la rue militaire. In-
dépendamment de ces barricades il en sera construit
d'autres dans les rues principales qui aboutissent vers la
partie attaquée.

Si l'on n'a pas eu le temps de couper ou d'enlever les
escaliers intérieurs des maisons, les barricader, ainsi
que les portes et les fenêtres basses.

Organiser des communications dans le haut des maisons, afin d'avoir toujours l'ennemi au-dessous de soi ;
et ouvrir des trous dans les planchers par lesquels on
fera feu sur l'ennemi ; mais se garder d'ouvrir des créneaux dans les murs de refend, qui seraient plus utiles
à l'attaque qu'à la défense.

Si l'on est obligé de céder, mettre une barrière de
flammes entre soi et l'ennemi. On aura dû préparer à
l'avance des matériaux faciles à enflammer, et surtout
des objets susceptibles de produire beaucoup de fumée.
Des traînées de poudre, que l'on enflammera en temps
opportun, pourront produire de bons résultats.

Avoir dans le haut des maisons des provisions d'eau,
soit pour éteindre les incendies nuisibles à la défense,
soit pour alimenter les défenseurs.

Bien assigner à chacun les fonctions qu'il doit remplir : embusquer les bons tireurs dans les endroits importants ; employer les maçons à murer les portes et
fenêtres basses ; les charpentiers à ouvrir des commu-

nications dans les combles ; aux uns des fourches pour renverser des échelles d'assaut ; aux mineurs des explosions à produire, etc.

Établir entre les divers quartiers de la ville des signaux de convention, afin de rendre bien efficace l'énergie que l'on pourra déployer.

§ 52. *Puits à eau potable, pour les troupes campées.*

Il arrive souvent qu'un corps de troupes est appelé à camper dans des endroits sans eau potable à la surface du sol, mais où il suffit de s'enfoncer de quelques mètres pour arriver à une nappe d'eau, comme aux environs de Fontainebleau, par exemple.

Le corps du génie est alors chargé de creuser des

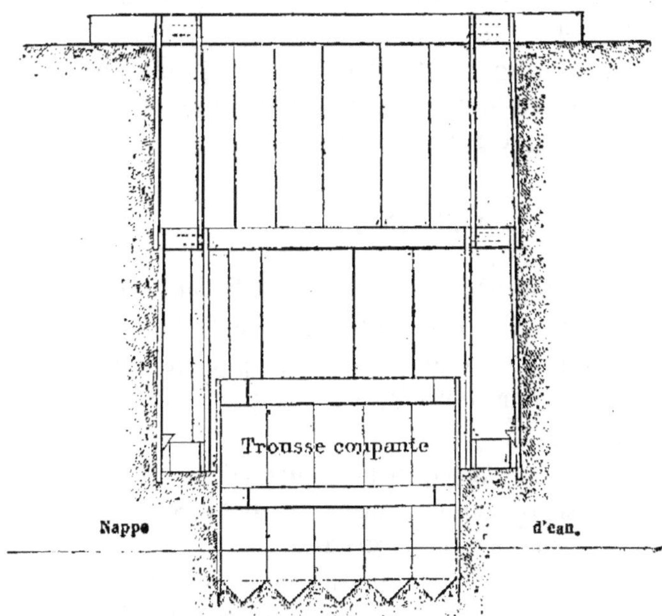

Figure 22.

puits qui ne diffèrent pas des puits de mine tant qu'on cherche l'eau; mais dès qu'on y est arrivé, il est rare que les moyens ordinaires suffisent, surtout quand la partie supérieure de l'eau se trouve dans un banc de sable. Dans ce cas, les hommes qui travaillent à la fouille agitent l'eau, désagrégent le sable, et bientôt il se produit des éboulements, et enfin l'effondrement du puits ! On évite ces accidents en employant, dès qu'on arrive à l'eau, une caisse sans fond que les puisatiers de profession appellent *trousse coupante*. Le hors-œuvre de cette caisse est plus petit que le dans-œuvre du puits. Les planches dont se compose la trousse coupante sont amincies à leur partie inférieure afin qu'elles puissent pénétrer facilement dans le sable; et pendant qu'un homme fouille dans le puits, quatre hommes se tiennent sur la caisse pour la faire descendre par leur poids.

Dès qu'on a une profondeur d'eau suffisante, un mètre, on cesse de fouiller, et on abandonne la caisse au fond du puits (voir la *figure* 22).

§ 53. *Pétardement.*

Depuis la publication du *Manuel du mineur* le pétardement a pris une extension considérable.

Au moyen de l'acide chlorhydrique on creuse des chambres au fond des pétards pratiqués dans les roches calcaires.

Un maître du port de Cherbourg (Lepetit) a inventé un outil articulé pour creuser des poches au fond des pétards pratiqués dans le granit.

Ces deux procédés sont plus intéressants qu'utiles. Mais voici des procédés pratiques qui ont fait leurs preuves : à *Urdos*, dans les Pyrénées, on a ouvert, en

plein roc, les fossés d'un fort avec des pétards, de
4 mètres de profondeur creusés au moyen de la barre

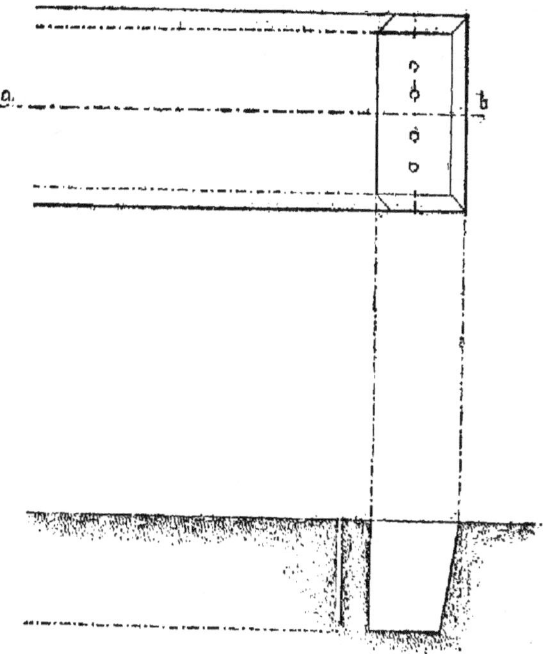

Figure 23.

à mine. Ces pétards, établis en travers du fossé, jouaient
par salves et détachaient des blocs considérables.

A *Cherbourg*, le pétardement a été pratiqué sur une
plus vaste échelle encore : on a creusé, en plein roc,
des fossés de 12 mètres de large sur 6 mètres de profondeur; on ouvrait sur l'axe du fossé que l'on voulait
excaver une ligne de puits de 5 mètres de profondeur
sur 1 m. 10 de diamètre; au fond de ces puits, et du
côté du déblai amorcé, on creusait l'emplacement d'un
fourneau que l'on chargeait en camouflet, afin de dé-
sagréger le roc sans en projeter les fragments. La partie inférieure du puits était bourrée en maçonnerie et

le dessus en terre. On faisait jouer successivement tous
ces fourneaux en commençant par le plus rapproché
du déblai amorcé.

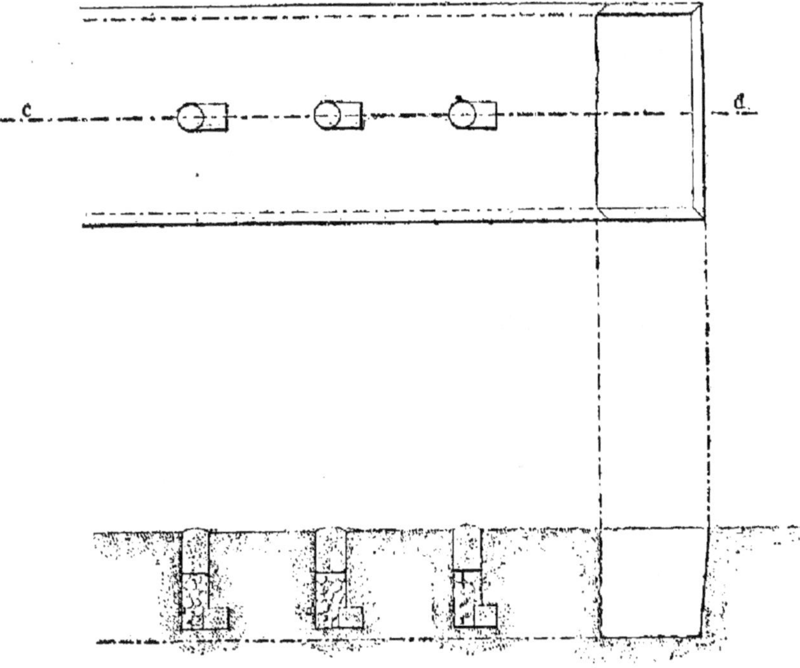

Figure 24.

La mise du feu aux pétards a été simplifiée et amé-
liorée : tous les anciens procédés ont été remplacés par
le bickford, qui ne rate jamais, brûle avec une lenteur
uniforme, et se trouve dans le commerce de toute
l'Europe.

§ 54. *Fabrication du pyroxyle et des divers allumeurs.*

On trouve dans plusieurs ouvrages, et particulière-
ment dans l'*Aide-mémoire de l'officier de génie*, le
moyen de fabriquer la poudre dans des cas pressés.

Comme on doit le penser, cette poudre est loin d'être de bonne qualité.

Désormais, quand on se trouvera dans de pareilles nécessités, on devra plutôt fabriquer du pyroxyle, qui se prépare avec une simplicité et une promptitude extraordinaires. Toute l'opération consiste à plonger du coton non cardé dans l'acide azotique très-concentré. Mais comme l'acide azotique très-concentré coûte passablement cher, on a eu l'heureuse idée d'employer de l'acide ordinaire du commerce, et d'y ajouter de l'acide sulfurique. Ce dernier, qui est très-avide d'eau, s'empare de l'eau que contient l'acide azotique et le concentre ainsi sur place et à peu de frais. Les meilleures proportions de ce mélange sont : trois volumes d'acide azotique ordinaire et cinq volumes d'acide sulfurique à 66°.

On fait le mélange de ces deux acides et on l'abandonne à lui-même pendant quelque temps, pour laisser dissiper la chaleur qu'il dégage. On plonge ensuite dans ce liquide le coton non cardé, tel qu'on le trouve dans le commerce. Après douze ou quinze minutes de séjour dans ce bain on le retire avec une baguette en verre ; on le comprime pour faire sortir l'acide en excès, et on le lave à grande eau, jusqu'à ce qu'il n'ait plus ni odeur ni saveur. Il ne reste plus qu'à le faire sécher à l'air libre, à la température ordinaire.

Densité du pyroxyle. Mis en tonneau et pressé à la main, le pyroxyle a une densité qui n'atteint que le 1/10 de celle de l'eau, environ 0,084. Mis dans des caisses cubiques de 0^m20 de côté, sa densité peut atteindre 0,17.

Le grand inconvénient du pyroxyle, c'est la difficulté de le conserver : mis en magasin comme la poudre, il fait souvent explosion sans qu'on puisse en connaître la cause. Il faudrait donc ne le préparer qu'au fur et à mesure des besoins. Il y a pourtant un moyen de le conserver, c'est de le plonger dans l'eau, où il peut séjourner pendant plusieurs années sans perdre ses qualités; il suffit de le faire sécher au moment de s'en servir.

D'après les expériences faites à Bapaume en 1847, soit C la charge de poudre (en kil.) d'un fourneau, C^{py} la charge en pyroxyle; on a trouvé $C^{py} = 0,43\ C$, pour l'ouverture des entonnoirs, car pour la profondeur, elle était moindre dans les entonnoirs produits par le pyroxyle que dans ceux produits par la poudre. Pour que l'évidement fût le même il fallait aller jusqu'à $C^{py} = 0,60\ C$. Mais alors on avait $T > P$. On s'est arrêté à $C^{py} = 0,50\ C$. On n'a malheureusement pas comparé es rayons de rupture.

Un deuxième inconvénient qu'a le pyroxyle, c'est d'exiger d'immenses chambres de mine.

Et enfin un troisième inconvénient, c'est qu'en brûlant, le pyroxyle dégage de l'oxyde de carbone qui empoisonne les galeries. Son emploi nécessite donc une puissante ventilation.

Fabrication des allumeurs. L'*amadou* est une espèce de champignon qu'il faut lessiver pendant vingt-quatre heures, avec de la cendre de bois et de l'eau bien chaude, comme on lessive le linge. Après ce lessivage on frappe l'amadou avec un maillet pour l'étendre sur une épaisseur uniforme qui varie de 0^m001 à 0^m002; on le fait sécher, on le noircit avec du pulvérin et dès lors on peut s'en servir.

Pour faire du *pulvérin*, on prend de la poudre que l'on pulvérise en la frappant pendant deux heures dans un sac en cuir, et on la passe ensuite au tamis.

La mèche à canon, pour les étoiles de boîte de Boule, se fait avec des cordes de chanvre roui à l'eau, ou avec des étoupes de lin purgé de chènevottes, de 0^m018

de diamètre, à trois torons peu tordus, 1/5 ou 1/4 au plus. Pour la confection des étoiles, on prend des bouts de mèche à canon de 0m07 à 0m08 de longueur, et on en forme des étoiles de 6 à 8 pointes.

Fusées pour les mines de projection. Une fusée consiste en un tube de bois rempli d'une composition destinée à porter le feu à la mine que l'on projette, après un intervalle de temps déterminé.

Les bois les plus propres à faire des fusées sont : l'orme, le noyer, le frêne et le poirier. On prend le cœur de l'arbre de préférence aux autres parties. Un tourneur leur donne la forme et les dimensions voulues.

La longueur de la fusée doit être de 0m25, non compris le calice qui est destiné à rester en dehors du tonneau et qui a 0m03 de hauteur et autant de diamètre intérieur à son évasement. Le corps de la fusée a 0m011 de diamètre intérieur et 0m035 à l'extérieur. Le canal est arrêté à 0m03 du petit bout de la fusée.

Figure 25.

Charger la fusée. L'artificier fait tomber du canal les corps étrangers qui pourraient s'y trouver ; il verse une lanterne (une mesure) de composition (3 parties de pulvérin, 2 de salpêtre et 1 de soufre, triturées au baril pendant 2 heures) dans le canal, en frappant contre la fusée avec la baguette qu'il y introduit ensuite ; frappe deux petits coups de maillet pour rassembler la composition ; soulève la baguette et frappe encore deux petits coups. Prenant ensuite le maillet par l'extrémité du manche, il frappe 21 coups bien d'aplomb sur la tête de la baguette, en agissant du poignet et de l'avantbras, et en levant le maillet d'environ 0m30 de hauteur. Il verse une deuxième lanterne de composition, la bat de la même manière, et ainsi de suite. Arrivé à mi-hauteur du canal, il prend une baguette plus courte, et vers la fin il s'assure, avec le dégorgeoir, que la composition est bien à la hauteur prescrite, c'est-à-dire à 0ᵐ01 du calice.

Dégorger la fusée. L'artificier introduit le dégorgeoir dans le canal de la fusée et le fait tourner en appuyant fortement sur la composition, jusqu'à ce qu'il repose par son épaulement sur la tranche du calice ; il fait ensuite tomber la composition détachée sur une feuille de carton.

Amorcer la fusée. Appliquer un bout d'étoupille plié en deux parties égales contre la paroi du canal, en maintenant les brins dans cette position ; verser une lanterne de composition et la battre de 21 coups de maillet en trois reprises égales, ayant soin de faire tomber, après chaque reprise, la composition qui remonte dans le calice. Continuer ainsi à remplir le canal.

Remplir le calice. Enrouler les deux étoupilles dans le calice, en les maintenant avec le doigt ; renverser la fusée dans une boîte contenant un mélange de 1 partie de poudre en grains et 1 partie de pulvérin ; frotter la tranche du calice sur le fond de la boîte pour ramasser et presser la composition. Le calice est ensuite recouvert d'une coiffe.

Lorsqu'on veut employer les fusées on en allume une et on tient compte du temps qu'elle met à brûler ; si on veut réduire ce temps de 1/10, par exemple, on diminue la longueur de la fusée de 1/10. Dans tous les cas, on coupe l'extrémité de la fusée où le canal n'a pas été pratiqué.

Les fusées destinées aux grenades se font de la même manière, mais elles sont plus minces et plus courtes.

§ 55. *Démolitions de murs, magasins, docks, etc.*

S'il s'agit de démolir un *mur terrassé*, escarpe ou contrescarpe, on ouvre des puits en arrière du parement intérieur de la maçonnerie et à 1^m00 de distance ; on prend pour la profondeur de ces puits le 1/3 de la hauteur du mur, à la condition que cette profondeur ne soit pas moindre que la distance horizontale jusqu'au parement extérieur du mur ; on espace les puits de deux fois leur profondeur ; on les charge comme des fourneaux ordinaires, en donnant à g la valeur de la terre dans laquelle les puits sont creusés. Le bourrage terminé, on fait jouer tous les fourneaux à la fois.

Mur non terrassé. Si on veut renverser un mur de 0^m50, placer de deux en deux mètres des sacs de poudre de 15 kil., et recouvrir chaque sac de poudre de 4 ou 5 sacs en terre. Mais ce qui vaut encore mieux, c'est de creuser un trou de 0^m50 au pied du mur pour chaque fourneau et remettre la terre du déblai par-dessus. Si on ne veut ouvrir qu'une brèche de 2^m00, employer un seul fourneau comme ci-dessus.

Si le mur à démolir a une épaisseur de 0^m70, opérer comme ci-dessus, mais en doublant les charges.

Si le mur à démolir a 1^m00 et plus, établir dans le milieu des fourneaux ordinaires à entonnoirs tangents, en calculant la charge d'après la valeur de g.

Si le mur est circulaire, rapprocher les fourneaux de la partie concave qui offre plus de résistance que la partie convexe.

Si le mur avait plusieurs mètres d'épaisseur, et si on voulait ouvrir un entonnoir, aussi profond que possible, dans une face tout en respectant la face opposée, on diviserait l'épaisseur du mur en onze parties : on placerait le centre du fourneau à la profondeur de quatre de ces parties, en partant de la face où on voudrait que l'entonnoir fût produit.

Démolition d'un magasin voûté. Placer dans les pieds-droits et les pignons, des fourneaux ordinaires à entonnoirs tangents, et les faire jouer simultanément ou successivement.

Méthode dite par tas de poudre. Il se présente des circonstances où on est pressé, et alors les rameaux à ouvrir dans la maçonnerie demanderaient trop de temps. Dans ce cas, on met dans l'intérieur du magasin (dont on ferme les ouvertures, s'il y en a) des tas de poudre que l'on enflamme simultanément.

Lebrun a donné, pour calculer cette quantité de poudre, la méthode suivante : « Chercher la quantité « de poudre nécessaire pour démolir un revêtement de « même longueur que le développement intérieur des « pieds-droits et des pignons du magasin, au moyen « de fourneaux ordinaires à entonnoirs tangents, ayant « pour L.M.R. l'épaisseur du mur ; augmenter cette « quantité de poudre de moitié pour avoir la charge « définitive à mettre en tas. Dans le cas où la surface « du sol du magasin dépasserait 140^m200, cette charge « serait alors insuffisante, et on devrait y ajouter au- « tant de fois le fourneau de comparaison qu'il y aurait « de fois 8^m200 dans l'excédant de la surface du sol. »

§ 56. *Démolition des galeries en bois.*

Dans la démolition des mines en bois on se propose ordinairement d'obtenir deux résultats : retirer les bois qui pourront servir encore, et purger le terrain afin de pouvoir s'y exercer de nouveau. On n'atteint pas ce double but sans exposer la vie des hommes, surtout dans les terrains peu consistants. Je suis pourtant convaincu que le danger est souvent exagéré, au moins pour ce qui concerne la démolition des galeries de 1^m00 de largeur; et ce danger est trop peu indiqué pour la démolition des galeries majeures, larges de 2^m10, telles que les descentes de fossé.

La démolition des galeries ordinaires me semble trop réglementée : on indique comment il faut agir, selon que l'on veut commencer à démolir par où on a commencé à construire, ou bien par où on a fini. On indique les pièces dont on doit se servir, on en donne les dimensions, comme si on s'adressait à des hommes qui n'auraient pas encore vu de mines !

Si trente-cinq ans d'expérience donnaient le droit d'avoir une opinion sur cette question, je dirais que je n'ai jamais obligé les travailleurs qui m'étaient confiés à s'entourer de tant de précautions, et pourtant il ne m'est jamais arrivé le moindre accident. Voici seulement les précautions que je prends et les conseils que je donne : Je mets un charpentier en tête de chaque atelier; ces ouvriers connaissent la résistance des bois et ont le sentiment du poids de la terre; et leur profession en fournit assez pour qu'on puisse toujours s'en procurer le nombre nécessaire.

Je leur fais d'abord enlever toutes les semelles des châssis entre deux paliers, en les remplaçant préalablement par des étançons horizontaux placés à 0^m30 au-dessus du sol ; je préviens les mineurs qu'au-dessus de chaque palier il y a eu un puits de construction, et qu'ils doivent se défier de la chute du remblai qui pèse sur le ciel. Je leur donne ensuite toute liberté, et le travail est conduit avec une grande rapidité.

Quant à la démolition des puits de construction, dans les terrains peu consistants surtout, je reconnais qu'elle offre des dangers sérieux; et les précautions indiquées dans le cahier d'instruction pratique ne sont pas superflues.

Il est inutile de parler de la démolition des mines dans le sable coulant, comme celui que l'on rencontre en avant de l'ouvrage à cornes de la citadelle de Metz, attendu qu'on n'a jamais pu y construire que quelques amorces de rameaux qui ont démontré l'impossibilité d'y fouiller des mines. Et si le capitaine de Rugy y a construit quelques rameaux en 1833, ce n'a été que pour se procurer l'occasion d'indiquer l'emploi de procédés fort ingénieux, mais qui ne seront probablement jamais utilisés.

J'ai fait aussi des fouilles dans ce même terrain, et il me suffira de dire que nous mettions souvent une semaine pour faire un intervalle de rameau !

Mais s'il est question de construire ou de démolir une descente de fossé avec une pente au $\frac{1}{4}$, le danger est alors imminent, aussi les accidents y sont-ils nombreux.

C'est qu'ici la fouille occupe une largeur d'environ 2^m50, et il n'y a pas de terre assez consistante pour se soutenir sur une telle largeur. Si la masse de terre qui s'éboule sur le ciel pesait normalement sur les châssis, ces derniers supporteraient facilement cette charge; mais il n'en est pas ainsi, malgré les alèses dont on fait usage. Les chapeaux ne résistent que par

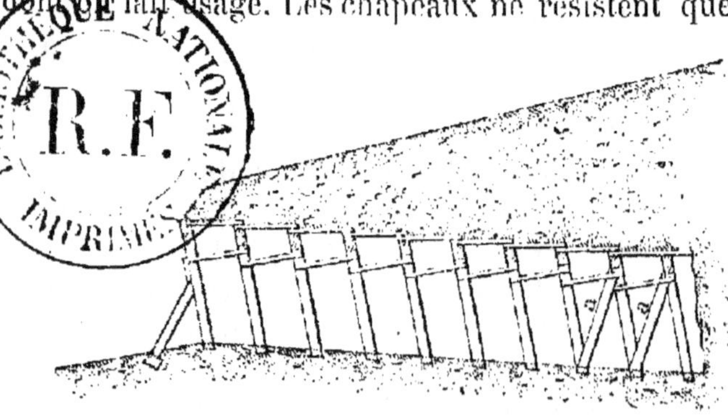

Figure 26.

leur arête antérieure, aussi tendent-ils toujours à s'incliner en arrière ; et dès qu'il y en a un (c'est toujours celui de la tête) qui se renverse sur son voisin, toute la galerie s'abat comme un château de cartes !

Rien de plus facile pourtant que de construire ou de démolir des descentes de fossé sans craindre les accidents signalés ci-dessus : il suffit d'arc-bouter les deux châssis de la tête, ou mieux encore tous les châssis, par des pièces obliques, telles que *a a a* de la figure 26.

§ 57. *Sauvetage d'ouvriers enterrés.*

Il arrive assez souvent que des carriers sont enterrés sous des éboulements. L'alarme se répand aussitôt aux environs : l'autorité civile s'adresse à l'autorité militaire, et des mineurs sont envoyés sur les lieux pour secourir les victimes.

Si cette mission était confiée à un officier expérimenté, il n'aurait pas besoin de conseils, attendu que les travaux à exécuter sont ordinairement assez élémentaires. Mais en raison de la faiblesse numérique du détachement, on désigne un lieutenant plutôt qu'un capitaine, et il n'est pas rare alors que cet officier se trouve embarrassé. Quelques conseils sur la manière d'entreprendre et de conduire le travail ne seront peut-être pas sans utilité.

Le travail devant être continué nuit et jour, il faut que les travailleurs soient divisés en deux brigades comprenant chacune 1 sous-officier et 6 hommes, dont un ouvrier en bois ; soit en tout : 2 sous-officiers et 12 mineurs.

Outils nécessaires.

2 scies ordinaires ;
2 scies à main ;

2 ciseaux de menuisier;
2 tarières de charpentier;
2 haches à main;
2 marteaux de charpentier;
2 dragues;
5 pioches;
5 pelles;
4 paniers de mine;
4 cordes à crochet de 10^m00;
Des clous, pointes, etc.

En arrivant sur les lieux il se présente ordinairement un des cas suivants.

1º Un maladroit aura voulu approfondir un puits tari, et la maçonnerie se trouvant déchaussée aura croulé sur l'ouvrier, qui aura été généralement tué. Mais dans le doute il faut pourtant agir.

On ouvre un puits à côté du premier, à 4 ou 5 mètres, que l'on conduit à la même profondeur; et on marche ensuite en rameau à la recherche de la victime.

2º D'autres fois, aux environs de Lyon surtout, on aura creusé dans le gravier un puits dont le tubage n'aura pas résisté à la pression latérale, et l'ouvrier se trouvera pris sous les débris de bois.

Il faut encore, comme dans le premier cas, ouvrir un puits à côté, et aller vite, si on ne veut pas risquer d'arriver trop tard! La nécessité d'aller vite empêche souvent de prendre les précautions voulues; et quand on croit être près du but, il arrive souvent que tout disparaît sous un éboulement.

Voici un moyen, presque toujours facile à employer, qui rend les éboulements impossibles. Il y a aux environs de toutes les villes, des chaudières, des tuyaux en tôle destinés aux machines à vapeur, et présentant des diamètres différents; et comme en pareille circonstance toutes les administrations rivalisent de zèle, il

est facile d'obtenir le droit de se servir de ces cylindres
et de les employer comme les puisatiers disposent la
trousse coupante, c'est-à-dire les plus grands en haut
et les plus petits en bas. Leur poids et leur peu d'é-
paisseur les font descendre dans le puits au fur et à
mesure que la fouille est faite; et on peut travailler
avec toute la précipitation possible sans risquer de
provoquer des éboulements.

Mais arrivé au fond du puits, l'opération devient plus
délicate : il faut ouvrir un rameau horizontal pour marcher vers la victime. Ici encore il faut faire usage de
demi-trousses coupantes, c'est-à-dire qu'il faut employer des feuilles de tôle courbées en demi-cylindres,
que l'on enfonce à coups de masse au fur et à mesure
que le rameau est fouillé. Ces demi-cylindres s'opposent
aux éboulements qui pourraient se produire au-dessus
et sur les côtés du rameau.

3° D'autres fois enfin, ce sera une carrière non étan-

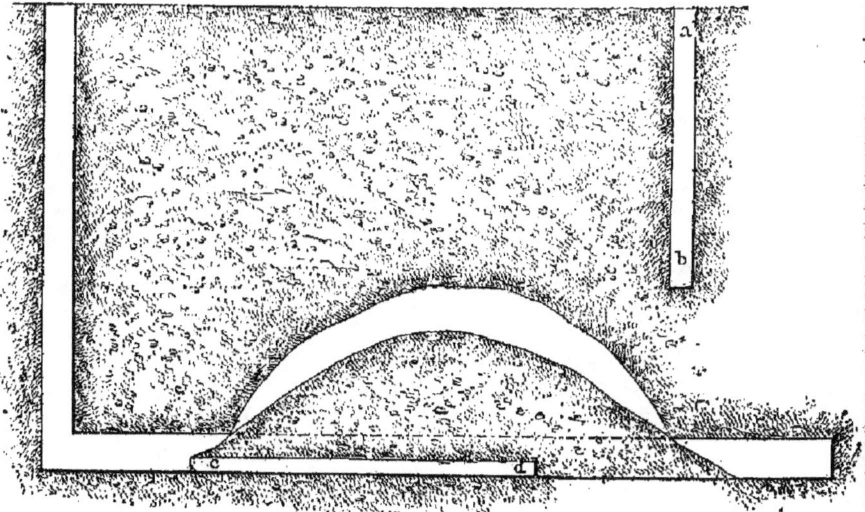

Figure 27.

çonnée dont l'entrée se sera éboulée, et les ouvriers auront eu leur retraite coupée, ce qui arrive assez souvent en Picardie et en Artois.

Il faut alors se faire renseigner en arrivant sur les lieux : sur la profondeur du puits; sur la direction et la longueur de la galerie éboulée. Si la profondeur n'est pas trop considérable, il convient d'ouvrir le puits $a\,b$; si, au contraire, la galerie est à une grande profondeur, ou si on n'est certain ni de sa direction ni de sa longueur, il faut alors partir du fond du puits et traverser l'éboulement au moyen d'un rameau hollandais $c\,d$.

Il est inutile de chercher à passer par-dessus l'éboulement : s'il y avait eu possibilité d'y passer, les victimes n'auraient pas manqué d'en profiter pour sortir.

§ 58. — *Données sur la vitesse du travail du mineur. — Temps moyen, avec des mineurs exercés et dans des conditions ordinaires.*

PUITS, GALERIES, etc.	1ᵐ,00 de fouille.	POSE d'un cadre ou châssis.	COF-FRAGE.	TEMPS total.	A LA FIN DE		
					1 heure	2 heures	3 heures
Puits de 1ᵐ.32. . .	2ʰ45′	0ʰ40′	1ʰ00′	4ʰ25′			
Puits de 0ᵐ.80. . .	2 30	0 30	»	3 00			
Galerie majeure. .	3 00	1 .00	1 00	5 00			
Grande galerie de 1ᵐ.80—1ᵐ.00. .	3·00	0 40	0 40	4 20			
Demi – galerie de 1ᵐ.50 sur 1ᵐ.00.	2 35	0 35	0 35	3 45			
Grand rameau. . .	2 25	0 30	0 30	3 25			
Petit rameau. . . .	2 45	0 30	0 30	3 45			
Rameau hollandais.	2 45	0 30	»	2 45			
Rameau de combat.	2 45	0 45	»	3 00			
Rameau voûté . . .	1 50	»	»	1 50			
Forages horizon-taux.	»	»	»	»	5ᵐ00	8ᵐ00	10ᵐ00
Forages verticaux.	»	»	»	»	4 00	8 00	
BOURRAGE OU DÉBOURRAGE de 1ᵐ.00 courant. — P.R. en terre.	»	»	»	0 30			
en sacs à terre.	»	»	»	0 08′			
en briques crues. . . .	»	»	»	0 45			
Forage hori-zontal. . . .	»	»	»	0 05			
Forage verti-cal.	»	»	»	0 40			

§ 59.—*Tableau faisant connaître, en regard des L.M.R., les charges de poudre, le côté des bois cubiques, les rayons de bonne rupture et de rupture limite, en supposant que la poudre est de bonne qualité, que l'on opère dans une terre ordinaire et que les explosions agissent contre une demi-galerie prise par le travers. — Le côté de la boîte cubique destinée à contenir les poudres est de 1/8 de h (§ 6).*

FOURNEAUX ORDINAIRES.

L M R en mètres.	CHARGES en kilogrammes	CÔTÉ DE LA B cubique.	BONNE RUPTURE		RUPTURE LIMITE		OBSERVAT.
			horizontale.	verticale.	horizontale.	verticale.	
1m00	1k500	0m13	1 41	1m00	1m75	1m11	
1 50	5 062	0 19	2 12	1 50	2 62	2 12	Ce tableau indique les effets de charges énormes, qui ne seront pas souvent employées.
2 00	12 000	0 25	2 83	2 00	3 50	2 83	
2 50	23 437	0 32	3 53	2 50	4 37	3 53	
3 00	40 500	0 38	4 24	3 00	5 25	4 24	
3 50	64 312	0 44	4 95	3 50	6 12	4 95	
4 00	96 000	0 50	5 66	4 00	7 00	5 66	
4 50	136 687	0 57	6 36	4 50	7 87	6 36	
5 00	187 500	0 63	7 07	5 00	8 75	7 07	Delorme en employa pourtant de plus fortes en Espagne et en Italie.
5 50	249 562	0 69	7 78	5 50	9 62	7 78	
6 00	324 000	0 75	8 49	6 00	10 50	8 49	
6 50	411 937	0 82	9 19	6 50	11 37	9 19	
7 00	514 500	0 88	9 90	7 00	12 25	9 90	
7 50	632 812	0 94	10 60	7 50	13 12	10 60	
8 00	768 000	1 00	11 31	8 00	14 00	11 31	
8 50	921 487	1 06	12 02	8 50	14 87	12 02	
9 00	1903 500	1 13	12 73	9 00	15 75	12 73	
9 50	1286 062	1 19	13 43	9 50	16 62	13 43	
10 00	1500 000	1 25	14 14	10 00	17 50	14 14	
10 50	1736 437	1 32	14 84	10 50	18 38	14 84	
11 00	1996 500	1 38	15 54	11 00	19 25	15 54	
11 50	2284 312	1 44	16 22	11 50	20 13	16 22	
12 00	2592 000	1 50	16 92	12 00	21 00	16 92	
12 50	2929 687	1 57	17 63	12 50	21 88	17 63	
13 00	3295 500	1 63	18 33	13 00	22 75	18 33	
13 50	3690 562	1 70	19 04	13 50	23 63	19 04	
14 00	4146 000	1 75	19 74	14 00	24 50	19 74	
14 50	4572 937	1 82	20 45	14 50	25 38	20 45	
15 00	5062 500	1 88	21 45	15 00	26 25	21 45	
15 50	5585 812	1 94	21 86	15 50	27 13	21 86	
16 00	6144 000	2 00	22 56	16 00	28 00	22 56	
16 50	6738 187	2 06	23 28	16 50	28 88	23 28	
17 00	7369 500	2 13	23 97	17 00	29 75	23 97	
17 50	8039 062	2 19	24 68	17 50	30 63	24 68	
18 00	8748 000	2 25	25 38	18 00	31 50	25 38	

§ 60. *Avantages et inconvénients des simulacres de guerre souterraine.*

Les premiers simulacres de guerre souterraine datent de 1820. Ce sont d'excellents exercices, qui habituent à manier la poudre, et font connaître les effets que les explosions produisent. On s'exerce à écouter la marche souterraine de l'ennemi ; on apprécie les distances dont on en est séparé ; on est obligé d'agir d'après les probabilités comme dans une guerre réelle. On essaye de tromper son adversaire par de fausses manœuvres, en évitant de se laisser tromper par lui. L'amour-propre que l'on y met, de part et d'autre, stimule les hommes et leur fait produire une quantité de travail bien supérieure à celle qu'ils produisent dans les travaux ordinaires, ce qui est bon à constater.

Les simulacres de guerre sonterraine ont pourtant un inconvénient : ils ont une tendance à inspirer trop de confiance à l'assiégeant et à décourager l'assiégé.

L'assiégeant croit trop facilement que, sauf les projectiles et les sorties de la place, il ne rencontrerait pas plus de difficultés dans un siége réel que dans un simulacre. Et comme les charges de poudre qu'il emploie dans les simulacres sont de beaucoup moins fortes que celles qu'il emploierait dans une guerre réelle, il se persuade volontiers qu'il y a compensation. Il est trop porté à oublier l'effet moral que dans un siége les mines produisent sur l'imagination de l'assiégeant. Si de fortes pluies surviennent pendant un simulacre, on suspend le travail ; tandis que dans un siége il faut travailler dans les entonnoirs pleins de boue !

Les simulacres tendent, au contraire, à décourager les défenseurs : 1° parce que l'assiégeant ne recule jamais quelle que soit l'énergie déployée par la défense; 2º les explosions étant beaucoup plus nombreuses dans un simulacre que dans un siége, à cause des provocations incessantes de l'assiégeant qui ne court aucun danger, l'air des galeries est plus tôt vicié dans le premier cas que dans le second; 3º les galeries et les rameaux de la défense étant préparés d'avance, l'assiégé peut, sans bouger, écouter et attendre son adversaire, qui est obligé de faire du bruit pour marcher souterrainement vers la place. Et quelle différence de position entre deux combattants qui ne se voient pas, et dont l'un attend pendant que l'autre le cherche! Et c'est là la cause de l'effet moral dont il a été parlé plus haut, et qu'on ne peut pas apprécier dans les simulacres.

Faut-il en conclure que dans une guerre souterraine réelle, la défense doit avoir la supériorité sur l'attaque? Non sans doute. Car si dans une guerre les mineurs de la défense ont les avantages que nous venons d'énumérer, ils ont aussi des embarras inhérents à leur position défensive et dont nous n'avons pas encore parlé : ils ne peuvent employer que des charges très-limitées, et avec des bourrages complets; autrement ils risqueraient de détruire eux-mêmes leurs propres galeries ; tout ce qu'ils peuvent faire, c'est de résister; mais s'ils obtiennent quelques succès ils ne peuvent pas en profiter pour se mettre à la poursuite de l'ennemi, attendu que celui-ci n'a point d'établissements souterrains; ils ne peuvent donc que l'attendre, et, s'il se présente de nouveau, essayer de le repousser encore.

Le mineur assiégeant peut, au contraire, employer de très-fortes charges avec des bourrages incomplets, et s'il obtient quelques succès, il en profite pour accabler son adversaire par une série d'explosions successives, qui finissent par désorganiser les écoutes de la défense.

En un mot, l'assiégeant pouvant employer des armes à plus longue portée que celles de la défense, il ne doit pas risquer d'aller se heurter contre les fourneaux de celle-ci : il doit agir d'assez loin pour faire du mal à son adversaire sans s'exposer à la réciprocité.